U0366103

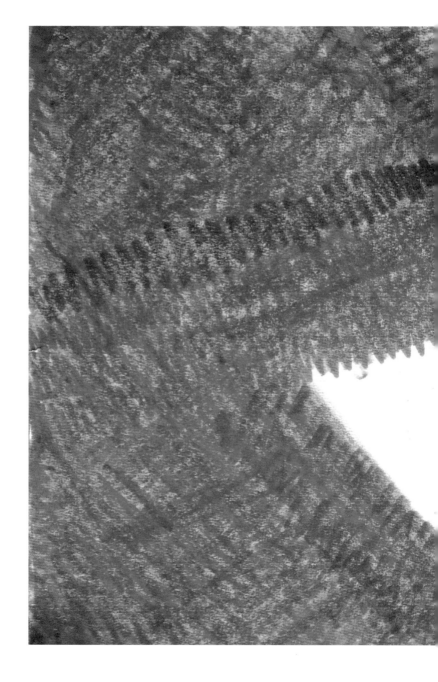

在　　于　　美

企 业 文 化 落 地 工 具

荆玉成　蒋昊宸　陈海华　著

中国城市出版社

目 录

序

美学带来人的意义与价值的实现

艺术，特别是当代艺术，重要的早已不仅是某件作品实体，而是它带给人观念上的触动，是一种打破常规的全新观看方式与认知角度。因此，可以说"人人都是艺术家"，所谓"艺术"也早已走出美术馆、画廊等专业机构的"白盒子"，进入更为广阔的社会空间。

艺术能为这个社会带来什么？或者说，为什么社会需要艺术？除了大众层面的赏心悦目之外，艺术其实还有着更为深层和本质性的意义。艺术看似"无用"，但正因其无功利性才能够将人的直觉、感受、体验与想象力充分发挥，在这一创造性的过程中，人得以超越自身局限，开拓出尚未被触及的感知疆域，从司空见惯中提出新的问题，发现新的可能，从而对自我，对世界产生出新的认知。这也正是一切带有创造性和开拓性工作的共同特征。

不仅是艺术需要创造力，在科技和商业领域中，同样每天都有新的现象和问题产生，这就要求科学家和企业家们能够不断跳出固有的思维模式，凭借精准的洞察力和灵敏的直觉，有时甚至是大胆的想象力，提出新的发展方向和问题意识，并在一步步创造性地解决问题的过程中，构建起自身独有的方法论。这与艺术创作的过程有着异曲同工之妙。

我手中这本有关"企业美学"的书，恰恰是注意到了企业这一社会经济主体在当代社会美学实践中的重要意义。作者结合长期的企业实践和具体案例，把美学体悟理论化、系统化，并结合记忆、治理、场域、目视化等艺术人文学科前沿理论，力求使得"企业美学"进入更为广阔的美学话语。作者的理想，是让技术成为艺术，用多元的美学经验为不同行业领域的企业赋能，在对企业美学的诉导中构建起一种新的"生活之道"。

本书的难能可贵之处，在于并非是谈产品美学，而是谈企业自身的美学，即企业文化。企业文化的核心不是产品，而是人。随着社会企业分工的愈加繁复细化，事实上每个人在社会中都逐渐趋向"单向度"，而远离"自由全面的实现"。再加上虚拟网络技术的发展，有的人逐渐沦为一座孤岛，也有的人出现精神官能方面的症候，这也势必影响一个社会和企业的创造活力，进而影响它们的未来。而对于作者所说的"共感"（Common Sense）的追求，则可让个体在社会组织中更具对话意愿，增加认同感，产生内生的驱动力。非功利的审美体验在某种程度上可以对冲企业管理和技术的功利性，从而让人得到更多意义和价值维度上的肯定与自我肯定。

苏新平

中央美术学院副院长

中央美术学院学术委员会主任

教授、博士研究生导师

为什么是理性

2020年以来的一段时光是如此特殊，给每个人留下深深刻痕。可能，也改变了我们的生命轨迹。

人们直面疫情之下的生活，生与死不时在上演。规则、常识、道德、底线、边界，被无知、利益打破或抛弃。

费孝通说，科学在近现代迅猛发展，而人性两千年却没有大的变化。30年前听到这番话吃惊不小，今天许倬云讲了同样的话。海德格尔讲，现代性的一个基本现象是神性的消亡，宗教这座金碧辉煌的价值大厦正在崩塌，人类只能依靠历史的积累，依靠文明的进步，依靠理性。李泽厚称"历史有积累性"，包括科技工具、知识常识，还包括人们内心的日益复杂、丰富和多样。所以在我看来，常识、理性在数字社会的今天，比历史上任何时期都重要。李泽厚说，"最普遍的常识其实常常是最重要的。所以我寸步不让。越骂我，我就讲得越多。"

网络、数据、算法，本身只是手段或工具，只负责"计算"，不负责善与恶、真与假、美与丑的"判断"，它们仅给出1或0的"计算"。价值判断、道德判断，它们先天无能为力。搜索引擎得到的答案，会让你半信半疑，甚至永远让你怀疑。许倬云说，"信息只是材料、素材，经过自己的加工，变成你对事物的判断和支撑才叫知识，再进一步梳理、沉淀、检验才叫常识。"我们在企业文化实践中体会到，平视、倾听、真诚、关爱、载体、模块、图像、流量，传统、时代、价值观、生活等，这一切是常识。文化即生活，也是常识；企业文化是从企业家胸膛里长出来的，也是常识；时代、民族传统和企业家作为企业文化的三大基石，同样是常识。李泽厚说，"西方是两个世界，要到天国去。中国就是停留在这个世界，要重视这个世界的感情。""中国人看重历史，因为生活就是悲欢离合啊，历史就是日常生活啊，这个世界的日常生活就是根本。"从这个角度再看"文化即生活"，企业文化的概念就发生了重大变化，这不同样是常识吗？只是在理性上，我们越来越缺少判断，缺少思考，跟随历史惯性和社会潮流人云亦云。在数字社会里，数字技术得到极大发展，大数据的产生，AI的出现，人的理性却退化了，不思考、不想思考、不愿思考成为现象。

人类今天为何会变得如此不愿思考呢？当然，这个结论还不能轻易定义或给出，即使我们放眼看今天世界的某些无序、混乱和不确定性。海德格尔概述现代性5个现象，其中之一是技术，现代技术是最基本的现代现象。"理论家"们一致的看法和结论是，现代技术是人类社会发展到今天的"毒药"，也是"解药"——解铃还须系铃人。李泽厚说："科技生产力产生了理性，使人的心理不同于动物。人的理性不是天赐的，不是生来就有的，而是使用工具产生了理性"。李泽厚强调的是工具理性，而现代科技爆炸性发展，又让人们在理性上失范和失度。今天的数字社会，海量信息有真有假，真假难辨，很大程度上"增加了世界的熵"，成为这个世界的噪声量。这种信息过量的肯定性，已经上升为一种社会现象，社会变否定为肯定，成为一个肯定社会。肯定社会让神经系统持久、过度地紧张、疲劳，抑郁症、倦怠综合征和注意力缺陷、多动症等现代疾病随之出现。每天的时间被信息切碎，一点一点地占用，你没有精力去读书，很难有空闲让自己安安静静地去思考，我们疲于奔命，只有招架之功。人们被海量信息裹挟着，如一叶扁舟在数字的大江大海里漂流，我们能做的是在大风大浪中确保安全地顺流而下，顺便享受信息、大数据、互联网、人工智能、区块链带来的方便、刺激和快感。思考、判断是被动的、一时的、少数人的；人云亦云、寻求认同是主动的、常态的、多数人的。今天的数字社会，完全是一种经历社会，不同于经验，往往是一次性的，经历过了就过去了，不具备通往他者的入口。信息并不一定能给我们带来新的认知和真理，信息并不全是知识，它无法让我们作出准确地判断，因为只有知识和常识才具有判断、识别的功能。韩炳哲说，"肯定性的信息不能改变和预告任何事情，因而是无果的"。

所以现今判断、思考、凝思就变得尤为珍贵。这个过程就是运用知识、经验、理论、智慧，以不同的眼光对这个世界进行判定，努力地去唤醒理性。韩炳哲说，"信息和数据的铺天盖地，使得今天比任何一个时代都更需要理论。理论能够防止不同的事物被混为一谈而无序滋长，因而可以有效地减少熵。理论先是净化世界，进而才是解释世界。人们必须回到理论、仪式和礼俗的开端。它们为这个世界以及万物的运转规定了形式，提供了框架，使它们具备了边界。"思考产生的理论，可以帮助我们进入无人之境，在一派喧嚣迷乱中开辟出一条通道。企业管理已从经验管理、科学管理、人本管理、文化管理发展到今天的思想治理，企业文化不仅是三大体系或四大体系，文化即生活，文化即管理，文化即战略，企业文化将企业一切观念行为，包括价值、理念、制度，包括战略、管理、行为等都涵盖其中。在数字化时代，企业文化的内涵和外延都发生了根本性变化。康德说，理性是人类的特征。李泽厚讲，"哲学只是制造概念，提出视角以省察一切"。我们只想通过企业文化的一个小小理性天窗，提供一个看待和思考企业管理的工具。

数字社会让我们迷茫和困惑的原因恰恰在这里，让人们无法、无暇去思考。我们的感官、欲望和内心，包括日常工作，早已被这个数字社会所遮蔽，我们在不知不觉中把时间毫无方向感地散射掉，分散成点状的"当下"，时间变成加法，清空了所有叙事性。韩炳哲说，"只有加法的、非叙事的过程才能加速。"数字社会是透明社会、加速社会，而仪式和典礼是叙事性的过程，它回避了加速。只有通过叙事性做减法，让我们彻底安静下来，停靠在时间长河的岸边，才有机会思考，在安静中做一次有趣的美妙探险。信息过量引发肯定性过量，导致立场站队，形成群体。一个人一旦进入群体便容易失去独立精神，失去独立的思考和判断能力。互联网和新媒体更加剧了"他者的消失"。今天，任何一个人，任何一个观点，都可以在线上找到拥趸。经过算法工具，让每个人更加沉浸于自己感兴趣的领域中，看自己愿意看的内容、相信自己愿意相信的内容，进入信息"茧房"。一个客观现象是，随着年龄增长和阅历提升，一些人不但没有变得更开放，恰恰相反，变得更固执，更容易困在自己的世界里。

肯定性还触发了"理论之殇"。知识的获取越来越碎片化。人们普遍感到系统性学习非常重要，但往往停留在嘴上，或者东一本书、西一本书地看，看完就丢到一边，没有入脑入心，没有反思和沉淀，更没有形成为我所用的理论。当今的理论危机和思考浅薄，与文学艺术的危机如出一辙，人们为了获得肯定性，不断消除否定性，这种过度的肯定性将社会变成肯定社会、加速社会。按照黑格尔的说法，否定性存在于思考之中，否定性是思考的根本。而今天，我们无法在自己的领地做一次完整的叙事，一次美好的旅程。理论的储备不足和后继乏力，使我们在思考时常有力不从心之感，难以获得理性的支撑，难以形成高质量的判断。我们日常看到的一个普遍现象是，日复一日、月复一月、年复一年在一个水平上重复工作，这便是理性缺失的一个典型现象。

还有一个可怕的现象是，数字社会似乎无需你去思考。只要你拥有了海量数据，数据自然会说话，理论模型变得多余。思考是一个不确定、不稳定的状态，意味着需要耗费更多的资源和时间。人性天生喜欢安逸，只要一段信息看起来合理，不需要消耗额外的精力去辨识，就很容易被大脑接受。于是，大数据取代了思考，人们依赖于结果，不看模型，不看过程，不看推理。大数据正在成为权威，取代因果关系、逻辑和理论，大数据等于逻辑和结论。克里斯·安德森在《理论的终结》中写到："像谷歌这样，在巨大规模数据的时代里成长起来的企业，如今不必再去选择错误的模型。它们实际上根本不必去选择任何一种模型。"克里斯·安德森的基本观点是，理论的价值正在弱化和萎缩。在数字社会看来，一旦有了足够的数据，人的理性思考就变得无足轻重。这无疑给人类非理性思考找到一个天然的借口，"为什么"让位于"就是这样"。

回归理性成为理性的必然。而理性背后的力量或许是感性，是爱。爱是人类美好而纯粹的情感，是人类最原始最本真的生命力，也是理性得以成为可能的一个前提和基础，"哲学是从爱欲到理性的转化"。一个人对世界、对生命本身有多么深沉的爱恋、激情和冲动，就会对世界、对生命本身有多么深刻的思考和洞见。唯有如此，我们才能找到生命的真谛、幸福和愉悦。俄裔美籍小说家、剧作家和哲学家安·兰德借用小说《阿特拉斯耸耸肩》里高尔特之口道出自己的信念："只有理性的人才有可能获得幸福，因为他只想实现理想目标，只追求理性价值，只有在理性行为中才能找到乐趣。"

这几年时间，我们在一个个已知与未知领域，打了一眼又　眼竖井，那里漆黑寂静。每个周日的"沙龙"，我们激烈辨析、考证、甄别，讲述每个人探险的故事，晒五光十色探险的成果。那一晚，过得那么快、那么幸福。那一晚，我们也许都有梦。海德格尔说，"每当我的思想迈出关键的一步，每当它朝着未经开发的领域探进一步，神那扇动着的翅膀就会触碰到我。"

前言二

美与这个时代

数字社会的今天，为什么是企业美学？为什么企业美学如此重要，成为企业文化落地工具？为什么企业美学已然上升为企业的意识形态，构成了企业治理的重要组成部分，即企业文化的一部分？

"当今世界正经历百年未有之大变局"，这是对大时代的一个总体判断。从技术经济层面看，主要表现是第四次工业革命的到来，即数字社会的来临，人类正从农业社会、工业社会、信息社会向数字社会大踏步迈进。就中国而言，在今后一个比较长的时期，这四种社会形态将共生共存。数字社会的到来，改变的是生产结构、社会结构和人的心理结构，社会经济将重构，这是不确定性的内在逻辑。张瑞敏说，"第四次工业革命已经到来，正在颠覆所有国家的几乎所有行业"。数字技术作为数字社会一种巨大的震荡力量，动摇了商业运行方式，打破了人的思维惯性，也带来社会结构、文化土壤方面的巨变。时间、空间、供求、读写、学习、选择等时序都发生深刻变化，这个变化是本质性的、是颠覆性的。

人的变化是时代和社会变化的内因和标识。人作为社会主体，今天发生的根本性变化，是这个时代最大的变量。海德格尔[①]将现代性概括为五种表现：科学、技术、文化的崇高性、艺术的审美和失神或无神。这种现代性今天表现为：个体独立价值的确立，导致个人宫廷拔地而起，每个人都是一个小世界、小宇宙；个人审美意识的觉醒，个人对精神、情感、文化、价值和美的追求超越物质成

① 马丁·海德格尔(1889—1976)，德国哲学家，20世纪存在主义哲学的创始人和主要代表之一，主要著作有《存在与时间》《康德与形而上学的问题》《荷尔德林诗的阐释》《林中路》《在同向语言的途中》《路标》等。

为第一需要。这里，人的思想观念和文化价值发生重大变化，每个人都在追寻生命的意义和本真，努力让内心安顿下来，自己生活得更舒适、更妥帖、更幸福。正如尼采所说，"任何一个不曾起舞的日子，都是对生命的

辜负"。个体价值得到充分释放和发挥，找到个人安身立命之所，这是宗教、哲学和每个现代人最终解决的问题。面对社会变革，政治家寻求一种新的社会治理，而企业家则寻求企业的思想治理，以企业内部的有序，即内在性、确定性和同一性，来应对外部世界的不确定性和复杂性。对企业和企业家而言，最大公约数就诞生于企业文化之中。

数字社会作为一种新的社会形态，致使旧制度与数字大革命之间正爆发一场空前剧烈的冲突。互联网、大数据、元宇宙由工具层面、实践层面抵达社会安排或制度形式的层面，企业边界、生态、组织架构、治理理念等发生革命性的变化，越来越多的跨国企业尤其是数字科技企业，有如一个企业帝国，仿佛一个"国家"，企业文化则上升为类似于国家的意识形态。数字社会下的企业管理形态文化形态，我们称之为思想治理。由此，企业文化从经验管理、科学管理、人本管理、文化管理进入到一个新的时代，即思想治理。这是企业思想治理的外在逻辑。

企业思想治理的内在逻辑，必须回答三个问题：思想治理与企业文化的关系，企业美学与思想治理的关系，美学目视化与企业美学的关系。数字社会当一切开始走向虚拟，一切开始由互联网、大数据、人工智能、区块链纷纷主导，最终出现"元宇宙"①——一个虚拟的人类社会。此时，活色生香的生活本身，作为另外一极就成为必然，企业生活就被彻底凸显出来。在企业中，文化即战略，文化即管理，文化即行为，一句话：文化即生活。生活变了，企业发展的逻辑就变了；文化变了，企业秩序体系的底层逻辑也就变了。它再也不是半个世纪前的"三大体系"(MI、VI、BI)或物质层、行为层、制度层和精神层"四个维度"了，实践已经悄无声息地走在了理论的前面，企业文化的数字社会形态——思想治理呼之欲出。思想治理的主体内容——企业思想治理体系，核心价值观是原点，使命、愿景、战略是核心，组织政策、人才策略、管理理念、制度流程、方法工具等若干模块是载体，逐级承接、具象、分解，将价值观念一直落实到具体行动，形成知行合一的企业行为，外化为形象和品

① 本书所指数字社会，是指随着互联网、移动互联网、物联网及5G和云计算、大数据、区块链等数字技术的综合运用，现实世界里的人、物、事之间的交互关系重新构建，呈现以数字化为本质特征的社会形态。

牌，内化为行为。当思想治理的基本内涵确立后，企业文化极需张扬和传播，而此时价值传播的价值、观念，也同步发生了质变，真诚、常识、平视、倾听、图像、声音、流量、模块化、企业媒体、品牌、全员载体等这些如空气阳光一样朴素的常识，在数字社会的今天，一跃成为准则、理念和价值。它们一同构建起有别于以往各种社会形态的价值传播的价值理念和方法论，形成基于数字社会价值传播理念体系，以此与这个飞速变化的时代说话，与传播对象、文化主体、企业员工沟通和交流。

企业文化最终落地生根，需要内化到每个员工的内心，变成自觉行为，物化为产品，升华为品牌。在大众审美意识觉醒的时代，企业除营造美的环境、美的产品和美的体验之外，在生产由实物向非实物转变的过程中，亟需将审美的观念、价值和情感、直觉渗透到企业产品的生产过程，将审美元素、情感因素和文化因子直接融入产品，参与产品的生产，甚至直接进入资本中。美是人类天性固有的精神依归，是价值观的最高形式。美与经济社会发展相适应，物质丰沛后审美便进入生活轨道。

在企业新的组织管理和生产方式中，企业美学之于企业文化传播落地的能量开始涌动，独特价值开始显现，企业美学成为企业文化塑造、传播直至落地全过程中最重要的系统体系和一极新锐。数字社会，企业美学开始登堂入室，产品的审美因素、情感因素、文化因素等非实物功能上升为一种刚需。

还要看到，随着数字社会生产力的高速发展，物质的极大丰富，虚拟空间的拓展，海量信息的唾手可得，人与人心理距离的且行且远，人们的精神、情感、文化、审美需求以同等速度和强度加大。越是信息过剩、物质过剩，人对精神需求不是越来越少，反而是更深沉、更强烈、更持久，急需精神的对冲和平衡。顾客追求的不仅仅是产品的使用功能，而是产品携带的价值功能、情感功能和审美功能。这种因人的精神、情感、文化和审美的内心需要，也就是人的内在性需求，此刻超越物质而成为第一需要。企业长期实践而来的企业美学，也就成为了企业意识形态的一个部分，成为思想治理的一部分，既企业文化的一个部分。

以上，内在逻辑和外在逻辑两个方面的珠联璧合，塑造了数字社会企业美学的独特价值和地位。企业美学，包括价值美学、模块美学、平滑美学、场域美学、符号美学、LOGO美学、色彩美学、设计美学、记忆美学、环境美学等作为一个完整体系，走上了企业思想治理的历史舞台。

企业美学本质是哲学范畴，主要是研究企业美学的价值、理念和思维，探索企业美学的基本规律、形态和走势，找寻企业美学落地的工具、方法和手段。企业美学是理论，摸不着、看不见，而企业是社会最基本的生产单位，以生产人们所需的产品为目的，企业美学最终落到员工内心需求、员工自身修养和产品生产中，变成生产力和产品本身，物化成可见可感可知的生产生活环境和产品形态。美学目视化通过视觉感知、文化感受、审美感应等构建一个人造的美学系统，以企业美学价值、观念、语言、方法，让企业文化有机地进入企业战略管理、生产生活和终端产品，成为企业文化创建落地的系统思维。通过对企业文化理念解码，把思想、观念、价值等抽象语言转化为空间的视觉语言，使企业文化真正成为体验文化和执行文化，让企业文化找到落地的系统工具。美学目视化经过十数年的实践，打通了企业美学通往设计化、工程化、数字化的路径，提供了企业美学落地和企业文化生根的工具箱。从时代的巨变、员工个体的觉醒到物质的极大丰富，从数字社会、大数据到员工个体精神的刚性需求，从大众审美觉醒、大众文化普及到美学目视化，企业美学作为一种客观存在，登上了历史舞台。企业美学作为企业大众文化这种平均状态，作为一种存在的同时，创造了一种新价值和新员工群体，企业内部开始打破地域、行业、专业、阶层、年龄、受教育程度的壁垒，所有员工成为平起平坐的内部消费者，由此造就一种普遍的审美处于"中等水平的人"。这一历史的进程中，企业美学包括美学目视化试图去构造一个特殊的具有价值导向的文化"小空间"，企业文化的第二次生产在这样一个又一个"小空间"里得以完成。企业美学的"小空间"，是相对于社会文化的"大空间"，相对于历史文化的"大空间"，相对于企业文化整体的"大空间"。企业美学的"小空间"，充分地全面地认真地汲取和吸收"大空间"的养分和精髓，"小空间"才有源流、根脉和土壤。凡是传播到了更大空间中的企业文化内容，它的具体内涵就一定会被稀释，而且成反比的线性关系。企业各个"小空间"中的员工主体，经由主动的思考、诠释和吸收而认可了来自企业内部和外部的信息和价值，那些"小空间"才会焕发出足够的积极性，去跟外部的文化进行部分的叠合与重组，才会在员工文化心理上真正地隶属于企业自身。只是在这里，企业美学包括美学目视化视图营造的"小空间"，让文化信息有足够的浓度，以此形成企业文化的极核和中心地带，足以带动、引发周围环境的同频共振。同时，企业的"小空间"一定有自己的独特价值表达，说的是我的企业价值理念，而不是别的什么东西。当这类"小空间"星罗棋布，在企业内形成聚集效应，企业文化第二次生产也就彻底展开，"小空间"的文化生产力也就最大限度地得到释放。

在数字社会，企业美学包括美学目视化可以等同于企业的大众文化，它确实是一种"时代精神的共享"，而且站在了企业精神的肩膀上。由此我们就会看到，这些"小空间"也就成为了企业大众文化的一个又一个场所，即企业员工大众文化的"在场"性。梭罗说，人类无疑是有力量来有意识地提高自己的生命质量的，人是可以使自己生活得诗意而又神圣的。

与美的距离

美国密歇根大学英格尔哈特（Ronald Inglehart）教授对人作了一个基本假设：人是向往个人自主和选择的，但在此之前，生存问题更为紧迫，满足生存需求具有优先性。美与经济社会发展相适应。吃饱穿暖、丰衣足食，人才开始重点关注精神生活，审美进入生活层面。马克思在《1844年经济学—哲学手稿》中说："忧心忡忡的穷人甚至对美丽的景色都没有什么感觉。"中国历史上几千年农业社会，对美的追求是王公贵族、官宦世家等社会上层的专属和独有，故有"阳春白雪"和"下里巴人"之说。中华人民共和国成立后，建设好、发展好满目疮痍的中国成为首要，最先解决的是温饱和生产，社会大众无暇顾及美。把人从肠胃中解放出来，美才开始走进人们的生活，这就是马克思所说的物质与精神的关系。"一要吃饭，二要建设"①，社会主要矛

① 金冲及，陈群.陈云传[M].北京：中央文献出版社，2005：1616.

盾是吃饭问题，经济建设排在了第二位，还谈不上审美。二十世纪六七十年代，人们衣服的颜色往往都是蓝、白、灰。改革开放后，用四十年时间解决了吃、穿、住、行等物质层面的问题，物质变得越来越丰富，精神生活就有了条件。今天，当人均 GDP 超过 8000 美元时，人们开始追求品质、内涵和审美，追求精神层面的东西，美渐渐浮出水面，审美活动走进大众日常生活。我们从虚拟的网络世界，到着装、购物、娱乐、汽车、楼宇等现实世界，一切都被色彩和称得上美的东西所包裹，美深深嵌入我们的生活和灵魂，成为这个时代的标配。马克思说物质决定意识。经济状况和生存压力决定人的价值观念，决定社会整体的文化变迁。在 2005 年的《现代化、文化变迁与民主》一书中，英格尔哈特的结论是：经济社会现代化减少了人的外在约束，增加了人的选择空间，从而使人更加自主和独立。

　　形成强烈反差的是，企业与美还有很大距离。企业为什么缺少具有时代特征的美？企业与美的距离究竟有多远？企业是社会发展进步的产物，本质是引领社会创新，形成资源配置机制，理应走在美和时代的前列。企业在擅长的某些方面，如新产品的研发、产品生产、客户服务等，往往与时代同行或领先，但美并不一定与它并肩前行。一穷二白的中国国情，注定在此基础上建立起来的企业，缺少现代企业的特征和样貌。798艺术区[①]原来是国营798电子管厂区，老厂房留了下来，厂里的精神元素几乎没有，除了几个大字标语依稀可见外，里面没有什么让你怀念和回忆的，它是中华人民共和国成立后企业的一个缩影。企业的环境、色彩、文化，包括员工衣着打扮、办公环境、厂区环境等，都是最简单、最质朴的，满足简单再生产。即使有着百年历史的铁路、电力等传统行业，对审美也同样如此，好在它们有厚重的精神传承。

[①] 798艺术区位于北京朝阳区酒仙桥街道大山子地区，故又称大山子艺术区，原为原国营798厂等电子工业的老厂区所在地。如今798已经引起了国内外媒体和大众的广泛关注，成为北京都市文化的新地标。

　　企业审美总体滞后于社会审美，这也许是一个规律。当然，人们对艺术的观念、内容和形式的认知，已经发生根本性变化，由封闭走向开放，由单一走向多元，由狭隘干瘪走向丰富多彩。仅从观念的传递上，就有上述这样一种直观感受，作品改朝换代的速度太快，观念更迭就像春雨一样，一波紧随一波。大众文化不断地影响着每一个个体，由此深刻地改变和影响着社会，也包括企业员工。通常情况下，员工与社会几乎同步前行，但影响到企业还需要一个过程，即企业和企业产品有滞后性。原因是企业长期形成一套独立的文化体系，无形间笼罩在企业上空，遮挡、屏蔽、过滤掉大量社会信息。企业形成的这个看不见的坚硬的"壳"，就是制度、文化和传统，包括企业的文化环境。这个"壳"非常坚硬、非常固执，外在信息对他的刺激非常有限，直觉和感悟能力大幅下降，大量信息被排斥、拒之门外。一个百年企业存活下来是非常不易的，需要不断砸碎自己坚硬的"壳"，吐故纳新，自我革命。现今中国中小企业平均寿命只有 2.5 年，集团企业平均寿命是 7~8 年，20 年的企业属于长寿，百年企业屈指可数。一个企业到了而立之年形成固有的价值观，外在文化对它的影响有限，那些最新的东西、现代的东西很难进入它，这是一个组织老去陈旧的根源。当然，我们都是被文化高度驯养的动物，我们每个人都困在文化的网格中不能自拔。

康德认为，美直接引起有益于生命的感觉，所以和吸引力与游戏的想象很能契合。美本身虽然不能形成认知，却滋养了认知的本能，会引发自我愉悦[1]。韩炳哲[2]说，"主体喜欢美，因为美促进了认知力之间和谐互动。美的感觉无异于'对各项认知能力协调一致'以及'认知力营造出和谐氛围的渴望'，这种渴望对于认知工作不可或缺。"[3]企业文化建设和企业价值传播，几乎囊括了企业所有人文学科的专门人才，但实际情况是，在大多数工业企业里，人文学科专业人才凤毛麟角，绝大多数员工都是学工科、学技术、学管理出身的。这造成一种先天不足，缺乏人文社会科学的专业性，企业缺乏人文滋养，导致大多数从业人员半路出家，从专业技术岗位转行过来。对于大众美

[1] 伊曼努尔·康德.判断力批判[M].北京：人民出版社，2017.

[2] 韩炳哲，1959年生于韩国首尔，韩裔德国哲学家，现任教于德国柏林艺术大学，是新生代哲学家的代表人物，著作有《倦怠社会》《透明社会》《爱欲之死》《在群中——数字媒体时代的大众心理学》等。

[3] 韩炳哲.美的救赎[M].北京：中信出版集团，2019：27.

学和工业美学应用来说，专业也同样重要。受过高等教育和没受过高等教育，学工还是学文，专业跟非专业，人文社会科学中学艺术、文学、哲学、法学、教育等不同专业，同样有着较大差异。托克维尔说："诗才、口才、记忆力、心灵美、想象力、思考力——上天随意降下的这一切资质，都在促进民主……文学则成为对一切人开放的武库，弱者和穷人每天都可以从中取用的武器。"美国卡内基·梅隆大学教授维韦克·瓦德华（Vivek Wadhwa）说，人文专业能够培养出最好的项目经理、最好的产品经理和最有远见的技术领袖。原因很简单，技术专业和工程师只关注一些特征，往往会陷入让顾客们觉得很酷，大部分人觉得无用的东西之中。相比之下，人文科学更容易以人与技术的互动为中心。《达·芬奇传》一书就说，达·芬奇证明，能够跨越艺术和科学、人文和技术等学科制作出连接，是创新、想象力和天才的关键。专业的人干专业的事，企业管理、企业文化、企业美学需要专业人才队伍来创新创造，企业也迫切需要更多的人文专业人才来拓展观念、思维和想象力的空间。现代学术意义上美术史的先驱布克哈特把人文科学归属为 Bildung（教化），而不是 Wissenschaft（科学），所以他写作和讲课的目标是 Genuss，即通过艺术而获得秩序与和谐体验的愉悦感，但更重要的是把提高人性和道德的价值归因于这种体验。一个时代的艺术让这个时代复活，并向我们展示这个时代。

纵观企业发展的历程，你会惊异地发现，从历史到现实美的空白，对美的漠视甚至无意识。时至今日看不到企业美学专属理论和体系，没有相应的企业美学方法论和观念支撑，具体工作中从业者时常是凭着自己的认知和经验。人与人之间审美观念差距悬殊，加之不少企业文化和价值传播者没有美学专业训练，设计生产出来的企业美学产品层次千差万别，品质良莠不齐，高水准的作品和创意难得一见。缺乏美学常识、审美意识和美学素养，无法达成企业美学和美学目视化的基本共识，企业美学和美学目视化也就起步艰难。带来深层次的问题是，一旦涉及企业重组整合、股权关系转让等重大变革，基础薄弱的美学传统，随着组织架构调整和人事变动，就可能由此断裂和中断。有时仅仅因为人员的更替或变动，品牌、传统、做法，一夜之间不见了。当然，来一个人一套打法，换一个人又一套打法，这是另外一种情况，也不少见。这一切说明，企业和美是有距离的。

企业美学有这么重要吗？我们与其说企业美学重要，倒不如说是美有多重要。康德说，"美有两种，即崇高美和优美感。每一种刺激都是令人愉悦的，但都是以不同的方式"。"崇高感动人，而优美感迷醉人"。"崇高必定是伟大的，而优美却可以是渺小的"①。企业是社会良知、社会创新的基本动力源泉，是社会最有活力的细胞。一个社会发展得好不好首先看企业，企业有

① 康德.康德著作全集（第一卷）[M].李秋零，译.北京：中国人民大学出版社，2013：208-210.

活力，社会就有活力。企业活力从哪里来？从企业家那里汲取智慧，从社会吸纳资金、人才和资源，同时从社会挖掘创新思维、理念和逻辑，产生和社会相连接的桥梁和纽带，直接服务于万千客户。从企业到顾客的"最

后一公里"，重要一环是打通员工和客户的联系，在企业生产产品和服务客户中折射品质、价值和追求。企业和员工懂得美、欣赏美、创造美，这个企业就会走得好一些、胜人一筹，苹果、华为、小米哪一个不是这样呢？因为计算机不再神秘到只有工程师才会用，技术产业正在转向产品思维，要理解产品的社会和文化影响，产品要吸引人。面对这一挑战，严格训练出来的人文主义的感受力是重要资源。韩炳哲说，"在近代，逐步强大的主体赋予美积极含义，使之成为快乐、满意的代名词。"[①]企业是人造的，企业本身也是主观的存在。员工的境界修为和审美能力，决定了企业的境界、格局和高度，也决定了企业和员工认识问题、解决问题的能力，包括看待和认识事物的标准和水准。对人和事物的欣赏，产生爱和动力，通过审美增加同情心和同理心，给员工带来一种态度和观念，这就是人的认知力的前奏。

蒋勋说："美，是一种看不见的竞争力。"[②] 在他看来，美是探索生活的入口，

① 韩炳哲.美的救赎[M].
北京：中信出版集团，
2019：21.

② 蒋勋.美，看不见的竞争力[M].北京：中信出版集团，2011：1.

它是学会生活、欣赏世界的开始。人们对美的追求无处不在、永无止境。心情不好时，逛逛街买买东西刷刷卡，填补空虚内心的同时，美让你心旷神怡。出去旅行看山、看海、看花，享受大自然的美好，与其说是消费大自然，不如说你融入了大自然，在那里说一句话都是多余的。我们把自己收拾得体面、得体，会自然而然地更加自信，敢于表达自我，但这不是美的缘故，是你直接把你的态度和想法说了出来。你会发现，在生活中，在不知不觉、不由自主地偏向于美、追求美，美只是语言，实现了你和这个世界的沟通。对马克·罗斯科 ① 来说，绘画是他表达精神要素、信仰和生存意义的工具。他说："绘画，一定要像奇迹一样。"

① 马克·罗斯科（Mark Rothko，1903—1970），美国抽象派画家，抽象派运动早期领袖之一，其代表作品《红色中的赭色和红色》《绿色和栗色》等。

　　美对于企业来说，怎样变成一种看得见的生产力和竞争力？无疑，看到美的东西会让你心情舒畅，多了吃饭的欲望，多了干活的心情，多了创意的激情。开会对于企业员工司空见惯，可你知道会议室的环境美不美？讲稿准备得到不到位？ PPT、宣传短片是否足够考究？所做的企业展览专业程度如何？员工着装、言谈举止、接人待物也应该是美的，"美可以直接取悦主体"。莫妮卡·贝鲁奇凭借《西西里的美丽传说》[1]一鸣惊人，如今年近 50 的她，在意大利的地位仍然举足轻重，没有哪个

① 朱塞佩·托纳多雷执导，2000年12月25日上映。

后起之秀在性感度上与之媲美，"美"让她成为时尚封面的宠儿。有一组调研显示，在工资水平上，长相好看的人比长相一般的人高出 15%，颜值影响收入成了铁打的事实。士为知己者死，女为悦己者容，司马迁这句名言成为千古流传的信条，充分说明人都有被相知、被赏识的需要，正所谓千古知音最难觅。人为财死、鸟为食亡是一种低级的活法，而为一种信念活着则超越了物欲，是美传达的语言、观念、价值，愉悦了你，激发了你，说服了你，于是决定为之去"死"。从人因工程学角度看，舒适的环境让人情绪放松，让人心情愉悦。挤牛奶时放音乐，奶量会比不放音乐高。日本神户牛肉好吃，原因是牛在听着音乐、洗着桑拿的环境中成长。杰夫·昆斯说：艺术仅仅是美、愉悦和交

流①。因为美、愉悦、交流，主体思维变得活跃，为提升认知力创造了条件。韩炳哲说，"这种美会产生积极的享受，但它又远超享受美味所带来的低级满足，因为康德把美归于认知过程。认知的产生，既需要想象力，也需要理解力。想象力是将观察所得的多种感官数据组合成统一图像的能力。理解力在概括抽象的层面上则更高一筹，它把图像抽象为概念。因为美，认知力，即想象力和理解力，才会存在于自由游戏中——一种和谐的相互作用中。注视美的时候，认知力就会发挥作用，但是这个时候它尚未开始形成认知。在美的面前，认知力还处于游戏模式。然而，这种自由的游戏并非完全自由散漫、漫无目的，它是作为认知前奏（Vorspiel）的一项工作（Arbeit）"②。

　　企业价值传播，本质是企业价值观的传播，它是企业价值传播的"灵魂"。用美学价值来审视，在企业思想治理中，核心价值观是原点，使命、愿景、战略是核心，组织政策、人才策略、管理理念、制度流程、方

① 杰夫·昆斯之艺术世界[J].中外文化交流，2008: 3.

② 韩炳哲.美的救赎[M].北京：中信出版集团，2019. 10: 26, 27.

法工具等若干模块是载体，这些无疑是美在企业的化身，核心价值观是王冠上的那颗明珠。过程中如何把思想治理体系包括核心价值观变成物质化的"物"，变成可视化的颜色，变成员工易于或乐于接受的叙事语言，这就成了企业文化落地和价值传播的任务。以往，常用开会、报告、文字要求等灌输手段，今天则通过企业美学和美学目视化，把价值理念贯穿、转换到企业性格色彩，转换成企业主题图像，转换为企业故事和音乐，用色彩、设计、LOGO、图像、数字、直播等一切形式和语言，来叙述企业价值观和价值理念。当这一切变成艺术语言、环境氛围和建筑雕塑，抽象价值理念就变成看得见、摸得着的美的产品。那它究竟是什么呢？它就是企业美学目视化，就是价值落地。美成了价值的化身，通过艺术转化和转换，准确地说是叙述语言的转换，将美等同于真理。此时，我们就构建起完整的企业美学体系。电视连续剧，好莱坞大片，好看只是 A 面，B 面一直在倾述价值观。不管故事怎么讲，讲得多精彩，最终讲的都是它秉持的价值观，与其说是艺术终点，不如说是人的主观目的。企业如何用艺术手段和美学理念来讲价值观？创造属于企业的美学范式和美学价值追求？让员工在美中成长，企业在美中生育，是企业美学的终极追求和价值所在。员工喜欢美、热爱美、追求美，过一种有审美趣味的生活，这种群体相濡以沫、长期浸染，企业就可能成为具有审美情趣的企业。此时顾客追寻的已不是产品使用功能，而是产品自身携带的美的信息。

孩子上幼儿园、小学、中学，会有艺术鉴赏课，他们被带到博物馆、美术馆，欣赏莫奈的《睡莲》，毕加索的《格尔尼卡》，孩子们拿着笔，静静地听老师低声地讲述。艺术的接受者一般要产生一种审美的经验（Aesthetic experience），这是近代美学的核心问题。审美是一种养成，员工的审美也一样。国航、东航、南航、海航设计自己员工的服装，色彩、质地、图案、款式等非常考究，企业的审美和理念蕴含其中。员工在日常工作中就会养成一种审美习惯，在生活中养成对美的强烈感知、审美眼光和情趣。康德给出了非功利性的审美态度，即三 D 理论：无利害（Disnterestedness）、超脱（Detachment）和距离（Distance）。色彩是一种语言符号，音乐也是一种语言符号，美就是语言符号。看到红色联想到阳光、激情、革命、危险，绿色与生命、自然、成长、生机等浑然一体，蓝色等同于大海、天空、科技和未来，颜色成了一种约定俗成的语言符号。一旦色彩这一社会语言来到企业，红色成为"中国红"，跟国家电投集团[①]、跟央企对应起来，而且是一一对应。中国红、能量橙、梦想绿、创新蓝，国家电投四种性格色彩，放在一起就是这家央企的价值理念，一看便心领神会。内蒙古四子王旗有一座风电基地，在荒芜的戈壁滩上孤零零的一幢白色房子，涂上红、橙、绿、蓝四种明亮的色彩几何图形，员工们说，我远远看到那几种颜色，内心就涌动出一种情感："我到家了。"把朴实的美和对企业的感性认知叠加在一起，美开始主动讲话，这种美是无声的语言，充斥着企

① 国家电力投资集团有限公司（本书以下简称：国家电投集团）是中央直接管理的特大型国有重要骨干企业，成立于2015年7月，由原中国电力投资集团公司与国家核电技术有限公司重组建立。国家电投集团产业覆盖风电、光伏、水电、火电、核电和生物质发电、储能、氢能等领域，是全球最大的光伏发电企业和清洁能源企业，2022年在世界500强企业中位列260位。

业所有生活空间，充斥到企业生产全过程。意大利作曲家兼钢琴家布梭尼（Busoni）认为音乐就是声音的空气。法国国歌《马赛曲》（République française）①创作完成之时，正当法国与奥地利交战，它像大炮一样的威力，鼓舞着每一个士兵，整个法国从东到西，像野火一样迅速传唱这首歌曲。艺术一路走来，审美性是这个物种的"生物基因"，一旦养成拥有这个基因，外在的形式已经不是问题，无论何时何地，它都会产生比枪炮威力还要强大的力量。

> ① 鲁热·德·利尔1795年创作，是法国大革命期间，最受群众喜爱、流行最广的战斗歌曲。

这一方面，是美、艺术和审美赋予企业和社会以能量，美给企业带来激情活力和新的竞争力。另一方面，后现代化导致物质相对极大丰富，人均 GDP 超 8000 美元出现产品升级换代，生存压力的逐步消失引发大众价值观念变迁，即从生存价值观变为自我表达价值观，大众主体意识和审美开始觉醒。英格尔哈特利用 1981~2014 年以来一百多个国家和地区的数据直观地显示：经济相对落后或经济不大好的国家，偏好物质主义价值观的民众，远远多于后物质主义价值观，巴基斯坦两者比例是 55∶1，俄罗斯是 28∶1；而在经济发达的美国，这一比例是 1∶2，瑞典是 1∶5，情况正好相反。加之数字社会造成人与人之间"咫尺天涯"的疏离与孤寂，人的精神需求、文化需求、审美需求成为刚需，成为第一需求。这就启动和焕发出了每个个体作为最基本的原子单元的内在原力，就如春天万物复苏、百花齐放一样。其中，英格尔·哈特给自我表达价值观以比较宽泛的定义：自我独立和选择，对其他外来群体的宽容、重视环境保护、对多元生活方式和价值观的容忍，以及对政治经济生活的参与等内容①。英格尔·哈特的定义，无疑给大众审美和企业美学从概念层面提出一个开放性的认知和更加宽泛的思维启发。

在大众审美意识觉醒的背景下，审美的一个重要趋势是多元性，即这个时

① 胡鹏.文化变迁及其影响下的世界[J].读书. 2019.10: 134、135.

英格尔·哈特有意识地构建文化类型学，早期他区分了两种类型的文化规范：物质主义价值观（materialist values）和后物质主义价值观（postmaterialist values），前者即关注与生存相关的事务，如经济增长、物价、就业、秩序和稳定，而后者则关注个人选择、自由言论、政治参与、环境保护等超越生存需求的事务。后期他从两个维度区分一地的文化特征形态：传统价值观或世俗价值观、生存价值观或自我表达价值观。生存价值观类似于物质主义价值观，而自我表达价值观则比后物质主义价值观更加宽泛。

代审美的价值观念发生了重大转变——价值观的多元。多元性是指没有明确的边界，没有固定的外形，没有分别心和立场。从杜尚开始，到后来受禅宗影响的凯奇和激浪派们，再到今天的杰夫·昆斯和村上隆，无一例外呈现的是接纳一切的态度，既不受过去艺术观念的压迫，也不受当代艺术新建立的审美性的压迫，直截了当地回答："我们是谁，我们如何生活。"数字社会的今天，5G、物联网、大数据、区块链、元宇宙等数字技术塑造了数字社会形态，也大大强化了多元性的价值观。许知远《十三邀》[①] 已播出到第 5 季，每季采访 13 个人，采访的数十人中，从李宇春、李诞、金承志到王石、木村拓哉、陈嘉映、许卓云，覆盖的幅度之大、维度之广令人惊叹。因此，深受网民欢迎，每期访问量都在三四千万人之多，有甚者达六千万之众。价值观的多元引发当代美的多元，美也一定不会是一元的，大众审美、社会审美、企业审美也都是多元属性。对社会美学元素和艺术方法的吸纳、

① 腾讯的创新准直播访谈节目《十三邀》，一改传统新闻访谈节目客观中立的态度，以许知远的视角，带领观众在与13位"社会切片"的对话中，观察和理解这个世界。

嫁接、挪用，所有的艺术方法、手段、材料都可以为企业所用。美国当代艺术家卡普洛（Allan Kaprow，1927—2006）说："每样物体都能够成为新艺术的材料：绘画、椅子、电和霓虹灯、烟雾、水、旧袜子、狗、电影，成千上万种东西都能够被新一代艺术家发掘出来。"美不是多元的吗？企业的观念思维、技术产品、文化产品也应该是多元的，是开放的。企业有自己的歌曲、故事、绘画、文学等，传播媒体有纸质媒体，有数字媒体，在数字媒体里既有网站、官微，又有 Facebook 和抖音，一定是多元的、立体的、开放的，由此构成一套企业美学体系，包括企业特有的叙述语言。哪种语言最适合你，哪种形式最适合你，哪种美最适合你，企业就采用哪种方式方法和语言符号。正如清代画家石涛所言，"无法之法，乃为至法"。乔治·西美尔 [①] 说，"随着文明愈发精致，感官的敏锐度逐渐衰退，而享乐和受苦的能力增强了，这是一种在过去我们认为并不重要的东西" [②]。出现在员

① 乔治·西美尔（Georg Simmel，1858—1918），德国社会学家、哲学家，著有《货币哲学》和《社会学》。

② 奥利维耶·阿苏利.审美资本主义——品味的工业化[M].上海：华东师范大学出版社，2013.

工面前的，一定是一个有机组合，是一个组合拳，以此满足不同年龄、不同专业、不同地域、不同层级员工的多元需求。多元是这个时代的基因，多元供给目的是满足多元需求。

阿诺德说，艺术和审美的目的在于给人以光明与美好，但它不能以粗鄙的品味为法则，任其顺遂自己的喜好去装束打扮，而是坚持不懈地培养关于美观优雅和得体的意识，使人们越来越接近这一理想，而且使原本粗鄙的品味也乐于改变。因为我们经常不知道自己到底不知道什么，这是这个时代的通病，或者总的病症。

《门前的花园Ⅰ》局部

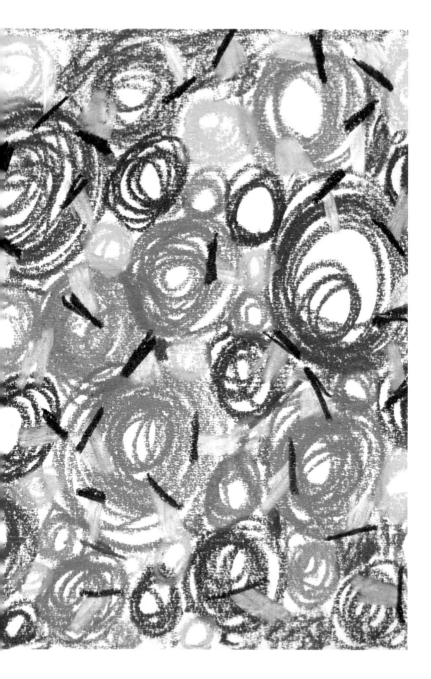

审美的觉醒

美是人与生俱来的判断力和嗅觉。物质的丰沛让审美进入人类精神生活，成为一种主观意识。自我意识、态度、情绪对美的感知，成为一种独立的精神诉求。审美意识成为自我的传播符号，激发对"美"的感知，感受情感和精神的需求，成为个体精神领域的一种需要。在审美过程中，个体审美在精神层面是完全独立的，是在审美表达中融入了自我的思想和意识。

蒋勋说，"'美'在我们的己身，也就是一个自我完成的过程"①。人类对"美"和"审美"，始终孜孜不倦地在探索，在不同人的观念世界里呈现不同的色彩，成为个体对现实的切身体验。这种对美的追求和探索，源于我们每个人的主体意识，是对"我"的独立存在的认知，用自我的眼光看待世界，发现个体的价值，形成社

① 蒋勋(1947年—)，中国台湾知名画家、诗人与作家，著有《孤独六讲》《蒋勋说红楼梦》《写给大家的美术史》《美的沉思》《美，看不见的竞争力》等。

会化的人生观、世界观。马克思说，"意识代替了他们的本能，或者说他的本能是被意识到的本能"[①]。个人主体意识的觉醒是在身体、行为层面发现自我，形成自主意识，最终具有社会关系的意识。个人主体意识的觉醒，成为个人审美意识觉醒的前提；个人审美意识的觉醒，构成个人主体意识觉醒的重要一极。

科学技术发展改变了生产的工具、对象和管理水平，提高了人类认知世界的能力。科学是在已知的基础上推进未来的部分。航天科学使人类迈向广阔的宇宙，纳米科学让我们有了更多更新的生产材料，现代信息提供更为快捷的存储和信息传递的手段。这一切，最终让我们增加更多闲暇时间，从事创造性的活动。科学成为推动生产力发展的关键要素，它改变了我们观察世界的角度，为个人审美觉醒提供前提、基础和可能。

海德格尔说："在以技术方式组织起来的人的全球帝国主义中，人的主观主义达到了它登峰造极的地步"[②]。技术飞速发展，将产品由单纯的经济属性，变成审

① 马克思、恩格斯.德意志意识形态.第一卷，费尔巴哈章第35段，1932.

② 海德格尔.世界图像的时代.1938: 921.

美和经济结合的新产物，给人们的观念意识带来新的
冲击，产品不再停留在原有的实用功能上，更加关注
其中包含的审美因素，由此催生个人主体审美意识的
觉醒。对于以前的工程设计图纸，我们关注图纸本身
的精确性和实用性。今天，我们在图纸中加入更多的
美学元素，用 CAD 专业软件制图，使用统一的纸张、
字体、颜色和包装，让工业产品在满足技术生产需求
的同时，美观、舒适、现代，从而占有更多的市场客户。
崛起的技术力量，催生新的审美观念和审美风尚，张
扬新时代的自由个性，生成一种独特的、相对独立的、
富有生命力的个体审美意识。

　　数字社会加速了"现代性"的步伐，其中一个突
出表现是用艺术眼光去看待美。美超越了日常物品的
使用功能，是一种不同于生活态度的审美情态，蕴含
着独立精神和理性思考，进入海德格尔所称的"生活
艺术化"。朱青生说："现代艺术注重对人素质的推进，
让每一个人成为更加独立的个体并具有更
为完整的人性"[1]。生活艺术化不再局限

① 朱青生.艺术让人成为
更加独立的人[J].中外
艺术, 2019.

于悦人耳目的声色之美，在于提高个体精神的境界和内心审美意识使人成为一个人。人与审美生活相互塑造，相互成就。从20世纪60年代开始，世界经济出现一个重大变化，即商品的文化价值、审美价值逐渐超越商品的使用价值和交换价值，消费不完全是购买物质生活必需品，而是购买审美体验和情感需求，包括一种气氛、一句话、一个品牌。很多人为什么不在办公室喝咖啡，而要到环境优美的咖啡馆去，就是为追求一种场所的文化体验，是向往更多元的精神追求，是个人主体意识对美好生活的觉察。

尼采说："上帝死了，是我们杀了上帝。"当人们不再需要别人给予价值标准，标准的来源也就不再需要。海德格尔称之为"无神或失神"。进入数字社会，获取信息越来越便利，对美越来越有自己独立的判断，也能够自由表达。感觉电影很无趣，选择转身离开。一件书画作品无法令你"情动"，面前的艺术品对你就是一张废纸。人类进入非宗教或后宗教时代，传统宗教不再如昨日，让我们看到自己的存在意识，而不是附属品，不是"神"性将人限制在一定范围的"奴隶"。唤醒人的个体存在，每个人的社会地位的改善并非取决于生产欲望，而是首先取决于来自审美性质的动因，这是现代性最主要的标志，成为大众审美意识觉醒的前提。

沃尔夫冈·韦尔施说："毫无疑问，当前我们正经历着一场美学的勃兴。它从个人风格、都市规划和经济一直延伸到理论。现实中，越来越多的要素正在披上美学的外衣，现实作为一个整体，也愈益被我们视为一种美学的建构"[①]。审美的觉醒已渗透到大众生活的一切领域。当今时代，消费不单单是生产过程的结果，而是消费引导生产、消费即生产的发展趋势凸显，消费越来越成为经济社会发展的一种驱动力。作为一种以符号为表征的消费，因在消费中杂糅了个人的文化诉求和审美情趣，美的生成和审美话语重构成为消费性文化生产的最大特征。

① 沃尔夫冈·韦尔施.重构美学[M].上海：上海世纪出版集团(上海译文出版社),2006.

韩炳哲说："主体喜欢美，因为美促进了认知力之间和谐互动。美的感觉无异于'对各项认知能力协调一致'以及'认知力营造出和谐氛围的渴望'，这种渴望对于认知工作不可或缺"①。微信朋友圈社交，当对一条新闻、一个事件、一幅

① 韩炳哲.美的救赎[M].北京：中信出版集团，2019: 57.

作品产生审美共识，获得的点赞数量就会更多。每个时代都以特定的方式对美进行审视，个体的观念、欲望随着世界观和人生观的不断蜕变而出现千姿百态的价值追求。当前我国社会主要矛盾已经转化为人民日益增长的美好生活需要和不平衡不充分的发展之间的矛盾。随着科学和技术的进步，在这个物质过剩、信息过剩的时代，人们对精神的需求反而更深沉、更强烈、更持久。

经济学研究表明，当人均 GDP 达 8000 美元时，消费将出现一个跃升，出现消费迭代。日本 1978 年、中国 2016 年分别达到这一水准，由此产生新消费升级。消费升级换代的一个重要标志，是人们需求"一切皆美（ALL SPRETTY）"，产品由此进入精神领域，功能从关注使用价值、交换价值、性价比，进入到审

美功能、情感功能和文化功能。消费美学来自日常消费中的美学体验，是在产品质量、消费过程、细节处理上造就的审美消费。消费美学的生活化，实物生产与艺术品边界变得模糊，美开始以物的形式进入到所有生活领域，聚焦于产品的生产全过程，聚焦于人类生活的方方面面。后现代主义艺术家们把生活现成品命名为艺术，艺术与生活之间的界限消失。苹果公司40多年的发展，创造了从计算机软件到 iPhone 智能手机、iPad Pro 的无数经典产品，引领着这个时代的审美。乔布斯说："好看的外观就跟跑步比赛的起跑线一样，是做好产品的第一步"。将产品的形式美、功能美、技术美及材料美达到高度的统一，满足大众对审美的内在需求。杜尚说，"我最好的作品就是我的生活"。今天，我们生活中的家具、电器、服装等用品满足基础功能外，更多的是以色彩、造型和美感满足我们的审美需要，生活与美之间，充满与"物"相遇的怦然心动。白小 T 的 SLOGAN——"换上白小 T，找回你自己！"，是对传统 T 恤的叛逆，让衣服也能成为一种情绪、一种自我、一种审美的标签。T恤不再代表一种外在的穿衣感受，而是个人真实情感的宣泄。

人类审美意识经历了从简单到复杂的演变过程。美国哥伦比亚大学哲学家丹托把西方艺术分为古典时期、现代时期和当代时期，提出这三个阶段的审美性：古典艺术提倡"自然美"，艺术追求的是准确地再现世界；现代艺术提倡"形式美"，艺术不断追求平面上的线条、色彩、形状本身的魅力；当代艺术提倡"第三领域的美"[①]，艺术最终靠作品包含的意义或观念打动人。数字社会，我们对美的认知在快速变化。对美的认知也在快速迭代，审美元素不停地变化，审美变得多元和充满张力，关键是观念正在发挥作用。维多利亚的秘密创立几十年来，选择签约模特的标准一直都是丰胸、细腰、腿长的模特。而今，日渐衰落的维密，试图用多元化的审美态度拯救自己，他们甚至选择了变性模特和大码模特拍摄广

① 丹托认为"第三领域的美"不再是感官上的、视觉方面的美，而是去关注人，关注人该怎样生活。或者也可以说，艺术将不再负担表达美了，却进入了思想和观念的领域。

告，选择周冬雨作为代言人，核心表达"性感应由人而定义，人不应该成为定义的附属品"的多元审美理念。舒服的、不迎合的、自然状态下流露出来的就是性感。简单、自然、舒适成了消费者的最佳选择，更加符合大众消费审美的欢迎。每个时代都以特定的方式对美进行审视，人们的观念、欲望随着世界观和人生观的不断蜕变而出现了千姿百态的价值追求。人与人心理距离的加大与数字技术的增速成正比，人们的情感、精神、文化等层面的需求也以同等速度和倍数加大。

回望中国改革开放走过的 40 多年历程，以温饱为主的消费理念，转变为追求品质和文化的消费理念，国产品牌的设计和审美能力不断提升，国内消费群体也在不断地转型升级，越来越对本民族的文化允满自信和眷恋。2012年，王澍[①] 获得普利兹克建筑奖，评委会主席帕伦博说："他的作品能够超越争论，并演化成扎根于其历史背景永不过时

① 王澍，(1963—)著名建筑学家、建筑设计师，当代新人文建筑的代表性学者，2012年2月27日获得了普利兹克建筑奖，成为获得该奖项的第一个中国人，建筑作品有中国美院象山校区、宁波博物馆、杭州市临安博物馆等。

甚至具世界性的建筑。"王澍的富春山馆是富阳区的标志性建筑，创作灵感来自 660 年前的《富春山居图》。2020 年中秋节，各大博物馆推出各式文创月饼，金沙遗址博物馆的"月满金沙"、三星堆博物馆的"月伴三星"、故宫月饼等成为 2020 年度最火的月饼。这些月饼不仅好吃又有颜值，拿在手上是艺术品，吃下的还有文化。时代变化是悄然的，在过去一段时间里，"国货"这个词曾一度意味着廉价和低质，然而近十年来，随着中国经济的崛起，互联网新生代消费力量的崛起，从国货到国潮，从怀旧到情怀，越来越多的中国人喜欢华为、小米、海尔、美的、回力等国货商品。民族品牌已站在了世界舞台，国货重新定义自己的价值坐标、文化象征与审美内涵。这份文化自信，源于大众的审美觉醒，以及在此基础上的审美认同，包括对传统文化的认同。

审美活动作为人类的一种诗意栖居状态和文化生存方式，它必然与人的整体性生活息息相关，其中任何一种生活方式的变化，都会对审美产生深刻影响。

在消费文化影响下，审美进入日常生活，艺术形式扩散到一切商品和客体中，美成为生活中必不可少的价值维度。全球性消费主义的传播，今天的审美文化更多地接受于消费主义，审美很大程度上成为一种欲望的满足，成为消费美学的现实需要。在审美消费过程中，功能性和价格退居其次，审美属性占据首位。手表作为最能够彰显男士品位的佩戴饰品，人们印象中首选的是浪琴、欧米茄或者劳力士，今天年轻一代的选择更加多元化和个性化，比如选择德国的诺莫斯（Nomos）。它的设计理念在于设计并不终止于产品本身，而更加关注与佩戴诺莫斯手表的人们之间的关系，从表壳、外部件与面盘设计上，都遵循了美学平衡度与成品实用度的包豪斯极简主义原则，将工艺品的美学与实用性，透过艺术化的设计语言表达出来。审美不能脱离生活物件，也不会单独存在，而是存在于消费美学的整体的、现实的、多元化的需求。数字社会让信息更加便捷，审美无处不在，溢满了整个生活空间，我们与世界形成充满审美情感的联系。韩炳哲说，"美能够建立一种与世界、与自我的自由的关系。首先要产生诱惑力，制造关注度"①。

① 韩炳哲.美的救赎[M].北京：中信出版集团，2019.10：76.

与美的对话，存在于我们生活的角角落落、时时刻刻。

当今社会已进入由"实物"生产为主向"非实物"生产为主的转变，成为数字化时代的基本特征。审美观念、审美价值处于"非实物"生产的顶端，人们追求的已不是产品本身，而是产品携带的审美信息。为物化的产品注入文化的表达，在消费中引领社会风尚，传播企业的经营哲学和价值追求，将成为企业生产的必然之路，也随着时代审美的变化进一步升级换代，以适应当下时代的审美需求。产品的审美功能、价值功能和时尚功能，决定了企业产品的社会销售能力和占有率。企业将审美观念、审美价值渗透到企业产品的生产过程中，将美的元素直接融入企业生产经营来谋求更大的市场。奥利维耶·阿苏力在《审美资本主义》中写道："21世纪初以来经济社会的重大转变：审美动因已成长为当代经济增长的动力。"企业迫切需要将审美的观念、审美的价值渗透到企业产品的市场经营过程中，将美的元素直接融入产品中。为适应世界的不断艺术化和审美化趋势，现代企业经营不仅是一种经济活动，也蜕变成一种充满竞争力的审美活动。

企业对于审美有天然的嗅觉和洞察力，美是企业的天然外衣。企业审美是企业发展与审美发展互动促进的产物。企业美学与企业成长直接嫁接融合，呈现出物质生产领域的审美特征，促使企业从物质、制度、精神的层面，按照美的逻辑形成更加合理、有生机的机制，成为今天企业创新发展的内在原力。企业美学把美学原理应用到企业生产经营各项活动中，成为提升企业价值及产品价值和服务价值的关键要素，贯穿于企业生活的每一个细节。企业审美的最大挑战，是大众审美意识的觉醒与企业审美意识不足之间的矛盾和差距。面对社会大众的审美刚性需求，一些企业还处于懵懂之中或手足无措。资本凭借其敏锐的嗅觉，一马当先进入消费的升级换代，20 世纪 80 年代日本率先成立了一批消费品公司，无印良品、优衣库就是这个时代的产物，有人称 2020 年为中国新消费投资的元年，将消费品升级纳入投资快车道。时代思潮因人的思想观念觉醒而爆发，是对生命个体和审美主体的自觉追求。企业作为社会生产力的主体，也是审美主体，也必然伴随社会审美觉醒而觉醒。这个觉醒一个是企业作为社会组成的主体产生的，因为企业就是社会企业，企业是社会组成的一个重要部分，任何社会观念觉醒都涵盖其中，涵盖了所有的主体，企业自然也不能例外。另一个是社会作为主体，企业作为客体，客体企业作为被牵引、被影响的对象，随社会大势的迁移、蠕动实现自我更新迭代。第三种情况是企业作为社会引擎，始终引领社会审美潮流和时尚潮流。以上这三种情况都是存在的，都是客观现实的，这是由企业的特殊性质——企业个性——经济社会发展的动力和引擎决定的，也是由企业作为经济社会组织的组成部分共性规定的——既然是经济社会组织，先进与落后、一般与平庸都有自己内在的分布规律，上中下、优中劣、前中后都有分布，这是常态。但因为企业作为社会引擎和发动机，它的敏锐度和创新度要远远高于一般性的社会组织，它虽然不具有天才的先知先觉，但执掌它们航行的舵手，那些真正称得上企业家的人，首先具有与生俱来的超人天赋，他们对市场和创新的感知可谓天才，这其中就包含对美、审美、审美时代的敏锐感知、快速认知和及时把控。

正因如此，数字社会企业审美开始进入产品，包括企业环境、生产经营各环节。关注客户需求，满足市场个性化需求为准则。生产经营、品牌价值、客户生态的背后，是企业价值观在审美上的集中体现，生产经营满足审美需要，同时传递的是企业的价值观念。因此，企业的价值传播，也就是传播企业价值观。企业美学把价值理念变成物质化，变成可视化，变成企业员工易于接受的叙事语言，最终构建一套与企业相符的美学落地工具体系。通过设计、色彩、开放、多元、目视化、拿来主义、打磨、平滑等一切手段，把价值理念贯穿、转换到企业的一切形式和语言。当这一切变成艺术语言，抽象价值理念就变成看得见、摸得着的美的产品。美成了价值的化身，通过叙述语言的转换，将美等同于真理。创造属于企业的美学范式和美学价值追求，让企业在美中生育，员工在美中成长，是企业美学的终极追求和价值所在。企业美学有自己的特征，员工在美中感知文化、欣赏文化、创造文化，在审美过程中随时随地地体验到一种审美的快乐和愉悦。让员工喜欢美、热爱美、追求美，过一种有审美趣味的生活，这种群体相濡以沫、长期浸染，企业就可能成为具有审美情趣的企业，然后深刻影响它的产品和客户。此时顾客追寻的已不是产品，而是产品自身携带的美的信息、时尚和潮流。1989 年 1 月，LEXUS 雷克萨斯首次亮相，通过两年的时间造就了全美销量冠军，这不仅说明车的品质，更重要的是说明雷克萨斯满足了消费者的审美需求，始终怀有一颗努力"拥抱"客户的心。比如对于第二天需要预约保养汽车的客户，从预约专员、保安、售后顾问、车间实施、客户休息，每一个细节都是环环相扣，是为客户量身定制的服务，希望能超越客户的期待，以待客之道实现前所未有的打动人心的最佳服务。2020 年雷克萨斯 RS 最新款没有过多宣传高科技的配置，而更关注用户驾车时内心的体验和享受的乐趣，是对人的呵护，这是一种审美的态度。今天，企业更加关注客户的个性化需求，这包括个人也包括企业和企业之间。

审美要更加符合当下人类发展，包括人类核心价值观，因为作为时代的企业，企业审美还应符合世界大的发展趋势。最终，企业价值观要和人类价值观一脉相承，企业产品核心的背后、品牌价值的背后，是企业价值观在审美上的全面体现。

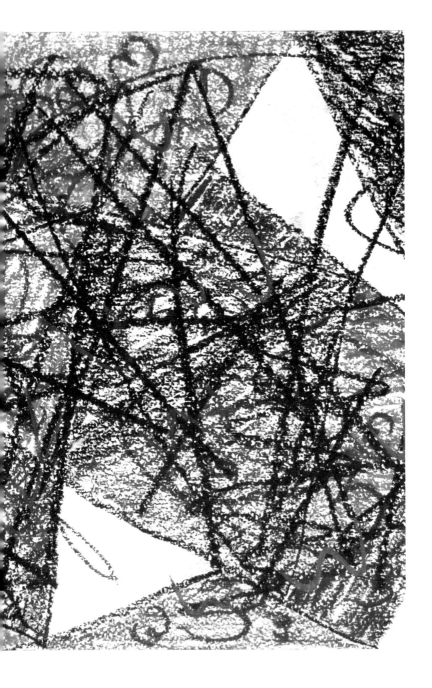

价值美学

美一定是有灵魂的。对企业而言，这个灵魂就是企业文化，就是核心价值观。以美为载体传播企业的核心价值，营造企业的价值环境和价值氛围，是企业美学的灵魂所在。

数字社会信息技术高速发展，世界变得平滑、圆润，审美对象犹如克隆一般平滑的躯壳。韩炳哲说："美既无法通过直接的移情得以传达，也无法通过质朴的观察得以呈现。这两种做法都试图揭开外壳或者透过外壳去观察内在。只有将外壳作为对象来认识，才能窥见作为秘密的美的内涵"①。人们常说，士为知己者死，这是人类超越了审美表象的精神皈依，为之而"死"的背后是离地三尺的价值所在，它愉悦了你，激发了你，说服了你，于是你决定为之去"死"。与价值观念相遇，发现价值观的美，才是真正的美，崇高的美。克罗齐说："一切历

① 韩炳哲.美的救赎[M].北京：中信出版社集团，2019.10：40.

史都是当代史"①。在他看来有两种历史，一种是历史都是当下的反映；一种是一切历史都是以解释当下为目的。克罗奇将历史作为解释的产物，并非是忽视历史事件的真实存在，而是强调各种阐释行为或阐释话语背后包含着当时的语境。朱光潜② 在《克罗齐的历史学》一文中说：过去是在我的现实思想活动中才能复苏，才获得它的历史性，所以一切历史都是当代史。历史和美，都要经过思想的加工，是现实的呈现。

　　审美经验包含于美的文化共识之中，美的规律是美的文化共识，衡量美的标准也是美的价值共识。美与美的价值共识、共存、共生，也是现实的。黑格尔就说，"一个深刻的灵魂，即使痛苦也是美的"。价值美学源于客观事物存在的一种现实状态，形式的美丑完全是人类依据自身立场的一种看法，其中起着决定性的就是价值。"诗中有画，画中有诗"是王维作品的最大特点，自他以来开启了一种文人的艺术理想——诗境。王维有青绿和水墨两种绘画面目，但得到苏轼

① 克罗齐.历史学的理论和实际[M].北京：商务印书馆，1982.

② 朱光潜，(1897—1986)，现当代著名美学家、文艺理论家、教育家、翻译家，著有《文艺心理学》《悲剧心理学》《谈美书简》等。

等人提倡的只有王维的水墨，因为王维泼墨风格符合了北宋中期文人的期待视野，寻求一种"有常理而无常形""不求形似而求意图"的绘画面目，于是时代忽略了青绿的娇艳，着力推崇与文人士大夫审美观念暗合的"得知象形"的价值美学。由此，王维作品也就成了北宋文人作品的标准，完全是按当时文人士大夫标准和视角获得新的历史阐释。美的前提是主观的，是一种社会价值的投射。价值美学源于传播企业文化，是社会审美意识、态度、追求、意义在企业的反映和投射。

人类对美的追求孜孜不倦，存在于每时每刻。美的外表总是让人赞叹和唏嘘，而真正的美是那种由内向外散发的，灵魂深处透出的美才是真正的美。除了舞台的需要，生活中我们没有必要和戏里一样。戏剧是一种夸张的表演，就像浮世绘的彩妆浓艳、夸张，那抹在苍穹上的眼睛，欲滴的油彩，也充盈着神秘的气息。自然美和艺术美并不对立，只是艺术模仿了自然美的本身，是一种由内而外的体现，给人的感觉是舒适的、亲切的、无声的，这是自然对外倾诉的途径。大自然赋予我们的原生态，是留在同一性下事物身上的非同一性的痕迹，每一处棱角都是独一无二的，而不是平庸的。

人类享受物质财富和审美消费的动机源于审美品位，从而产生了对价值美学的需要。价值美学是对审美活动进行感悟、思索、考察和研究的结果，价值美学以审美活动方式来判断美学的意义和产出，审美活动根本上是一种特殊的价值活动，离开了价值再也无法谈审美，也看不清美的真谛。数字社会，"内卷"与"躺平"碰撞，过量的积极行动之后的枯竭与厌倦，让价值变得枯竭、弥散。企业中我们与美还有很大距离，美学实践的脆弱源于灵魂的缺失，企业文化传播中丢失了价值，美在过量的肯定性中抹去了自己的"名字"。韩炳哲说，"数字群之所以不能成为大众，是因为它没有灵魂，没有思想。灵魂是有聚合性和凝聚力的。而数字群由单独的个人组成，其群体结构与'大众'完全不同。它所表现出来的特点无法回溯到个人。在这个由个人汇集成的新的群体里，个人却失去了属于自己的特征。人与人的偶然聚集尚不能构成大众，只有当一个灵魂、一种思想将他们联系在一起，才能组成一个团结的、内在同质（homogen）的群体单位"①。

　　审美是一种价值现象。价值属于关系范畴，是客体能够满足主体需要的效益关系，是表示客体的属性和功能与主体需要间的一种效用、效益或效应的关系，具有最高的普遍性和概括性。而价值观是基于人的一定的思维感官之上而作出的认知、理解、判断或抉择，也就是人认定事物、辩定是非的一种思维或取向，从而体现出人、事、物一定的价值或作用，具有稳定性和持久性，反映着人类的认知和需求状况。价值观的形成是价值存在的必然，价值观内在蕴含着价值，一旦形成和确立，就作为个体的一个主观条件或内在因素对人的具体活动发挥引导和定向作用。今天，大众审美的觉醒，让美成为时代最强烈的需求，人类所有的消费行为都受到审美观念的支配，日常生活的每一个角落都有美的

① 韩炳哲.在群中——数字媒体时代的大众心理学[M].北京：中信出版社集团，2019：16-17.

渗透。企业同样也需要在美的浸润中成长，员工越来越喜欢美的体验，追求美的滋养，品味有审美趣味的企业生活，这是企业美学的终极追求和价值所在。

杜书瀛说："审美现象不是自然现象而是文化现象，不是物质文化现象而是精神文化现象；审美现象是真与幻、虚与实、确定性与非确定性的统一；审美现象是关于主体而非主观的心绪、情感、感性观念，是关于客体也非客观的实体。审美的秘密可能隐藏于主体客体之间——存在于主体客体之间的关系之中，存在于两方面互动关系所生发的意义之中，表现于那可感受、可体味的意义、意蕴、意味之中"①。过去，我们仅仅从价值现象之外找美，认为审美无价值，也就是不涉及人类的实际利益的需求及其满足。而审美作为一种文化现象被创造出来，恰恰来自人类的功利需要。审美可感受、可体味的意义、意蕴、意味正是一种特殊的功利的价值形态。审美现象的价值本性来自对于人的本质与价值的本质的关联。审美，归根到底属于一种

① 杜书瀛.从价值论视角评说美学史例——价值美学札记赎[J].陕西师范大学学报(哲学社会科学版),2008.5.37(3).

价值范畴，美不是什么无功利的超然物外的奥秘，而是以感性形态表现出的客体对主体的意义。

我们将审美现象看作是物对人、客体对主体的一种特定的意义关系。美是一种特殊的价值形态。这种价值美学观念常常不知不觉地渗透在历代美学流派中，一旦他们把自己的思想具体化、谈到具体的审美现象，常常会身不由己地滑入价值美学轨道，就像柏拉图所说的"神灵凭附"般讲述美是关系、是客体对主体的意义，是一种价值形态。苏格拉底最著名的观点是美即效用说，有用即美、有害即丑。由此他也得出美的相对性的思想。美不是事物的一种绝对属性，不是只属于事物，既不依存于它的用途，也不依存于它对其他事物关系的属性。

价值美学的形成离不开审美这一重要环节，而审美距离的建立则是审美主体进入审美状态的前提。距离太近，无法欣赏美的形成；距离太远，无法引起审美反映。这种距离也包括心理。审美距离的建立起到肯定与否定两方面作用，否定的一方面在于摒弃了美的实用性，我们站在一幅画前，脑子里盘算这幅画的价值，也就无法领略它的美。我们与欣赏对象保持一定距离，美就向我们显现出来，成为审美对象。心理学家布洛倾向于与审美对象保持一定距离，冷静客观地欣赏，这是价值美学产生的前提。

还有一种认识倾向于取消审美距离，继而发挥价值美学的关键作用。这种观点在中西两种文化中都有体现，但这也是两种截然不同的审美心理状态。《庄子》说，"堕肢体，黜聪明，离形去知，同于大通"，彻底地忘我，达到物我一体的状态，但这种状态是一种虚静的心理状态。孔子说："知者乐水，仁者乐山"。孔子以山水比德、比道，在孔子的观念里，人们之所以能欣赏自然的美是因为它与人的精神有相似的品性，人们可以从对自然山水的关照中，获得对自身道德意志和人格力量的审美经验。宗炳在论山水画欣赏时说，圣人是以他的思想体现道的，山水则以它的形貌使圣人的道表现得更加完美，可以看出这是一种取消审美心理距离的观点。借山水这个审美对象来观照内心的

"道"，这是强调对价值的审美静观转向对自我审美价值的关照状态。

　　动画片是想象力的艺术，以现实无法实现的离奇设定把观众带入一个想象的世界。不论这个世界多么神奇，最终传递的是照进现实的价值，作用于真实的社会。数字社会，人们渴望拥有多重生活、具备多重复杂的文化、人格和审美，变得自由、无拘无束。审美模式的纷杂增加了享乐的机会，而过量肯定性供应使用了障眼法满足了享乐的需求。近几年，随着网络动画的兴起，出现了一批适合青年人、成年人观看的国产动画。一些成人动画为了抓人眼球，把焦点放在"爽"的观感上，而非价值"美"的表达。

　　以安迪·沃霍尔为主导的波普艺术，打开了日常生活与艺术、高雅与庸俗相统一的大门。丹托呼吁作为一种进步主义学说的艺术终结了，今天的美学是一个价值取向多元的艺术时代。凯斯哈林光芒四射的爬行婴儿图像风靡全球时，再去嘲笑波普艺术不是已经过时了吗？恐怕这种嘲笑才是真正的过时。它带给我们的价值美学的意义在于，用人类的原始雏形与电光石火疯狂发展的生活环境形成强烈对比，呼唤人们心底那颗已经沉睡的儿童，更为重要的是价值作为一种美学的体现，是引发的思考和抚慰。

企业价值传播，某种意义上就是一种海德格尔所说的"置造中"。他说"在这种置造中，人为一种地位而斗争，力求在其中成为那种给予一切存在者以尺度和准绳的存在者"[①]。企业美学流淌着的是整个企业的价值追求，渗透在每一寸皮肤、骨髓和血液里，所有的文化里面传播的都是价值。

① 海德格尔.林中路[M].北京：商务印书馆，2018: 103.

文化本身就是一种价值理念的表达，文化本身就是一套完整的价值体系。数字社会企业文化呈现"思想治理"特征，是一套完整的企业文化体系，是现今企业信息传播识别性的内核，通过向社会公众传播，得到社会公众认同和识别，形成员工对企业和企业文化的共识和认同。企业价值传播的核心，是通过丰富的文化落地工具输出观念，引发员工的情感共鸣，行为准则才能达成共同遵守，企业价值才能在美学实践中实现聚集、传达和调和。

　　韩炳哲说，美是在感性中体现的概念，抑或"作为概念与概念所代表的现实相统一的理念"。"它是生动的、鲜活的理念，是通过对现实通彻的理解去塑造现实的理念。它将现实的各个部分统一成有活力的有机整体。通过概念塑造而成的整体涵盖了一切。一切蕴含于概念之中"[①]。个体审美意识以千姿百态的形式存在，观念、欲望随着世界观和人生观的不断蜕变而出现千姿百态的价值追求。观念的迭代就像城市高速列车，一波紧随一波，经过近些年不断地翻新和语言纯化，它在一次次震惊公众眼球的过程中也造成了公众审美风格的形成，同时也从内部穷尽了它自己，最终引起了大众对审美观念的质疑。

① 韩炳哲.美的救赎[M].北京：中信出版集团，2019. 10: 69-70.

　　价值是与"芸芸之众"对立的存在，并不常见。作为要与社会同步的企业员工，在企业美学实践中，往往会一味追求大众审美的表现力，往往没有意识到价值的存在。忘却了企业美学的灵魂——价值美，就文化谈文化，就艺术谈艺术，就方法谈方法，就色彩谈色彩，把表象和大量事务性东西说得清晰美好，让美的应用变得好看、平滑，充满了肯定性。过量纷繁的信息打乱了初心，分不清主次，辨识不出企业的价值主张，只是各种毫无关联的社会美学的堆砌，在传播过程中却硬生生丢掉核心价值，让我们生在其中却不知我们是谁，成为没有灵魂的美或艺术。企业生产经营过程中，审美的平庸、光滑和疲劳，淹没了价值，丧失了充满刺点的价值创造能力。

企业的价值美学属于自己的追求，讲自己的故事，把价值用企业美学的方式呈现出来，填满所有的空间和时间，营造自己的场域。价值美学是完整并独立且充满创造性的。韩炳哲说，"真理降低了熵（Entropie），即噪声级别。如果没有真理，没有概念，现实就会分裂成嘈杂的芸芸之众。美和真理都是孤傲的，并非大众的"①。北京保利 2021 年春拍在 6 月 8 日晚收官，历时 5 天的拍卖角逐，8000 多件艺术珍品总成交额达44.59 亿人民币。其中在书法版块，有一幅作品引起强烈反响，经历 70 轮的加价竞拍，加佣金以 9027.5 万元人民币成交。《壶月轩记》

① 韩炳哲.美的救赎[M].北京：中信出版集团，2019. 10: 75.

这幅作品，来自于特立独行的"文坛盟主"书法家杨维桢，从官宣一开始就引发热议，因为这幅作品圈出元代晚期文艺领袖之间的交际，记录了 1369 年"上海文青"的温情往事，是窥视元代书坛"独抒性灵"脉络之代表作，相对书法本身而言，文化的价值穿越千年时光与今人对话，历史的温度仍触手可及。从 2007 年到 2015 年的八年间，国家核电每年都要举办企业迎春联欢晚会，这场活动以"新春和会"命名，焦点直指企业文化的核心价值——"和"。"新春和会"是"无中生有"的价值美学产物，是追求企业核心价值和员工原创作品有机结合的美学实践。会场氛围的营造充满"中国红、能量橙、创想黄、科技蓝"企业性格色彩，以中国传统《汉升民间》的剪纸生肖图案嫁接企业的视觉识别系统；设计"新春和会"专属 logo，三个汉字"核""合""和"直接表达"以核为先、以合为贵、以和为本"的企业核心价值观，创造出一个专属于企业的独特价值符号；每次用一首最能反映企业核心价值观的歌曲作为开场曲目；进入会场所有门的两侧贴有毛笔书写的原创对联，内容是将企业一年来的成就全面概括总结，将企业价值以文字之美充分表达。"新春和会"将企业价值以美学语言表达到企业文化场域的每一个空间维度，让企业价值美学所产生的"停留"征服时间，创造了时刻里闪耀的永恒之光。

一个品牌的标识一定是独一无二的，是唯一的。一个标识正是一种信仰的淬炼，也是一个企业或一种产品的价值，通过造型、色彩、构成等诸多美学元素的形象表达，直接产生价值连接。蒂芙尼（Tiffany）蓝源于"知更鸟的蛋"的色彩，在西方知更鸟是浪漫与幸福的象征，这也是蒂芙尼品牌价值的追求。蒂芙尼的品牌主色挑选了这种独特的蓝色，注册为他们品牌专用。蒂芙尼的品牌形象讲求精益求精，和谐、比例、条理，在每一件设计中都能自然地融合并呈现出米。它从自然万物中获取灵感并撇下繁琐和矫揉造作，只求简洁真诚凸显出它的价值美学。在企业文化传播过程中，要知道在文化的一堆柴火里灵魂是什么，价值是什么。在看清价值美学的过程中，灵魂和肉体之间就能有机地结合，将一个非常生动的形象展示给企业员工，将美学介质输入到企业员工的思想和精神空间，而在这个过程中，企业美学只作为一种语言形式，只是通过美学实践让思想能够走进你的灵魂，用一个灵魂唤醒另一个灵魂。

企业美学一定是根植于企业文化土壤的，不以回归传统或追求时髦为核心要素，而是鼓励出于对企业文化与企业美学自身的尊重，回归自身真实感受的美的价值，否则再多的美学表达也是徒劳。国家电投集团企业年度展以"一公里"命名，是对"超前领先一公里、协作支持一公里、最后落地一公里"价值理念的概括提炼，以企业美学实践集中表达企业价值。电影《千与千寻》有一句对白："名字一旦被夺走，就再也找不到回家的路了。"千寻的名字被汤婆婆抹去了一个字，变成了小千，如果她无法完成指定的任务，连最后一个字也会抹去，那时候，她就会彻底失去自我。如果名字丢了，灵魂也就丢了。企业美学的灵魂所及之处，是价值的田园。在企业美学的路上，指引它的是价值灯塔。

模块美学

模块化已经成为今天的生产生活方式，企业美学也无法逃脱。

一天的生活，已经被数字切成一个个小小的碎片，然后焊接成上午、下午、晚上等若干大单元里的小单元，一个月、一个季度、一年，乃至你的整个青春，都被事先规划切割。同学女儿高三时断言，学表演必上中戏表演系，毕业后 25 岁前还没出名一生就完了，她把生命分割成几块。各类大大小小的超市里呈现各种各样商品的组合，宜家家俱的模块化拆装，工业产品总装线机器人模块化自动组装，快递公司自动识别、分拣、分装，核电站建设用模块化工厂预制，这一切大大压缩了生产和生活时间。模块化为功绩社会创造效率，折叠时间，成为今天社会基本生产生活方式。

美和艺术作为人类精神生活的基本生产形式，又怎能逃脱这个社会呢？今天，一台晚会、一档娱乐节目、一个电视台，或是一个网络频道，其面孔、风格、舞台、曲目、栏目、基因甚至品牌名字，或多或少都会有些雷同，或有些面熟。模块这一工业生产模式和思维方式，将生活和艺术模块化组合起来，重新包装、着色、命名，然后给出新符号、新价值，从"他者"[①]变成"我"，"我"身上流淌着众多"他者"的血液，甚至"基因"片段。画家崔如琢说，徐悲鸿、刘海粟、林风眠、吴冠中是转基因画家，搞中西合璧，但真正代表近百年中华民族艺术的不是他们，而是齐白石、黄宾虹、潘天寿、傅抱石、张大千、李苦禅等这些顶级中国艺术大师，他们一脉相承了中国传统文化。然而在今天的80后、90后乃至00后眼里，还有多少人以这种泾渭分明、非此即彼的思维看待世界呢？取而代之的是古今中外的融合、交叉和嫁接，是一种开放、多元、包容的思想。这种融合思维和模块化观念，尤其是艺术审美和艺术展示，在数字社会轻而易举、如鱼得水，成为惯常、庸常和日常，驯化成数字化时代循规蹈矩的范式。

① "他者"（The Other），是相对于"自我"（self）的概念，指自我以外的一切人与事物。凡是外在于自我的，不管以什么形式存在，都可以被称为"他者"。"自我"与"他者"是西方哲学中探讨主体与客体关系问题的重要范畴。

以往工业社会数天、数月劳作才能成就的一幅作品、一场展览，今天一个闪存或一个回车，举手之劳实现了一个又一个艺术单元的建立或撤销，包括我们身体的每个部位，如心脏健康数据，被存储进入云端永久保存。"整个数字时代被一种信念笼罩，即生命是可以被测量和量化的。"[①] 数字化将肉体、艺术和器物分解成一组数据，使其数字化。数字社会一切皆可用数来描述和概括，艺术数字化后，一项艺术作品仅仅是一组数字，艺术在公共云上与所有数字都没有任何区别，其共性是随取随用、闪存闪取，艺术创意、作品、方案对于应用者而言，如探囊取物般容易，只要版权允许，世界上任何艺术形式、语言、创意、作品等，如自家的私人物品，随时随地可取可用。

数字社会的最大特征，是美前所未有地平滑，美没有了粗栎、突起、尖锐等否定性。童真的世界必然是洁白无瑕的，在音乐中重温童年毫无疑问是无忧无虑的快乐时光，一个画展毋庸置疑应该是美的盛宴，

① 韩炳哲.美的救赎[M].北京：中信出版集团，2019：18.

一个演员一定是大众的"情人"。所以，今天的演艺明星，乍一看好像都似曾相识，这符合大众的审美价值。平滑让我们感受不到矛盾、痛楚和阻力："如果带来触觉、味觉、嗅觉和听觉快感的主要原因是平滑的话，那么它也会被认定为视觉美的基础之一——尤其是，平滑这一特质几乎无一例外地出现在所有被认为是美的物体上。毫无疑问，粗糙和有棱角的物体在肌肉纤维的剧烈收缩过程中会引起痛感，从而刺激和扰乱感觉器官。"[1] 这种平滑的美是温顺的、纤细的、柔美的、小家碧玉式的，而不是传统意义上狂风骤雨式的，那种力量强壮和野蛮粗粝。柏拉图称之为美的崇高性，带有强烈的否定性，看到美的瞬间内心感到震撼和超越，茅塞顿开过程中是五体投地。平滑的美恰恰彻底失去了这种否定性[2]，埃德蒙·伯克（Edmund Burke）认为，"美一定会带来一种充满肯定性的欢愉，"

[1] 韩炳哲.美的救赎[M].北京：中信出版集团，2019：23.

[2] 肯定性与否定性，是辩证法中的一组范畴，否定性是矛盾里的重要性质。古希腊的芝诺最早揭示出万物都有两个相互对立的方面——肯定与否定。近代哲学中，黑格尔深入研究了肯定性与否定性这对范畴，阐述了其辩证关系，认为只有通过否定之否定，才能确立形而上学意义上的真理。马克思主义哲学吸取了黑格尔的哲学观点，在唯物主义的基础上，揭示了客观事物中肯定和否定的辩证法。本书中，肯定性意为事物、现象等客观存在的绝对性、确定性、单向性特征，否定性意为对客观存在的思辨和批判。

随着主体觉醒，美主要带给主体自身愉悦，以此来表达自身的主观感受，从美中获得主体对自身的满足。阿多诺就认为："不顾他者，只遵从主体规律性的程式，不被他者动摇，保持着自己的愉悦和满足：主体性在其中不知不觉地享受着自我，享受着自我掌控的感觉"①。个人找到自我舒服感就好，这是平滑的内在逻辑。大众审美的觉醒，我们随处可以感受到人们对美的追求，美屈服于消费的内在性，屈服于数字化的内卷，当消费主导了你，这一切相互叠加融合，让美完全被纯粹的快乐即"点赞"所取代。数字社会美处于一种矛盾和尴尬的境地，美越来越远离崇高，远离否定性，远离真正带给人的震撼和超离。美的崇高性被时代淹没了，神圣化被市场化和数字化阉割了，平滑无时无刻不迎合着人性需求。

① 韩炳哲.美的救赎[M].北京：中信出版集团，2019：27.

悲剧为什么更打动人？痛苦的否定性使美更深刻，它构成了美的本质。企业需要每个员工、每个顾客都愿意接受，但我们也同样需要深刻的美，否定性的美，原创性的美，这更会激发生命的内在原力，让员工刻骨铭心、经久不忘。数字化之美不再让人感受到任何惊讶，员工只能在自己身上找到光辉和自己感兴趣的东西，但它至少传递了企业的价值、理念，至少传递了企业的审美或共同创造的成果。也就是说，就企业而言，需要平滑的美。

当然，每个企业在策划构思中，一定会试图有自己原创的粗砺和否定性，一定会有一两个小点让员工眼睛一亮，或让一部分员工惊喜不已，至少超出了他们对自己企业能力、观念、审美的一种判断，也不排除单单就一两个审美创意让大家惊艳或惊喜连连。国家电投集团"一公里"年度展，结合企业年度工作会的整体空间，形成十个左右展览模块或美学模块，包括年度十大新闻，十大杰出奋斗者，十大科技创新成果，52期企业报纸头版等。其中，包括一些实物展览，将大型换电重卡、网约电动车、氢能大巴等，像专业美术馆博物馆一样集中策展、展出，如同劳森伯格所说的"集合艺术"。将集团公司倡导的"超前领先一公里，协作支持一公里，最后落地一公里"理念，浓缩提炼出"一公里"展览主题，将整个展览嵌入年度会议所在的建筑群。这里的画龙点睛，是"一公里"主题的提炼，将国家电投集团的价值理念浓缩并具象到一个点上。这个主题构成了模块美学的最大公约数，规定了此次展览每个美学模块的最小基本单元，即主题缔造了"企业文化模数"。"企业文化模数"① 是企业价值理念的具象化和外在表象，本质是企业价值理念最基本的含量或基本构成。由"企业文化模数"构成的企业美学，包括模块美学等，是企业有强烈的价值表达需求，是我想表达、输出我的价值理念，而不是别的东西。因为有了明确的主题，"一公里"年度展内在价值和精神气质与外在形式高度统一，每一个美学模块都充盈着饱满的价值热情，毫无疑问"它们是生动有力与和谐的。"

① 模数（moduie）一词源于拉丁语modulus，原意是小尺度。模数作为统一构建尺度的最小基本单位，在古代建筑中就已应用。第二次世界大战后，工业化体系建筑蓬勃兴起，建筑模数受到勒·柯布西耶、贝聿铭等设计大师的重视。

模块美学是不同地点对同一地点的占据，是不同时间对同一时间的占据。非时不可感知，非地也同样如此。这种模块化组合，以往需要借助社会专业力量，不仅费时费力费心，还可能事与愿违、事倍功半。数字社会的今天，每个模块都是企业经年累月的积淀，要做的只是对这一年重点工作的取舍，针对费用多少、场地大小、时间节点选择专业公司，当然最重要的是策展人的专业水准、美学修养，以及他在企业里的视野和站位。策展人要做的是如何与企业同呼同吸、同频共振，在精准提炼主题基础上，把这一年数百人、数千人甚至数万人的劳动，以数字、色彩、图像、模型、实物等立体地、全方位地、有温度地展示出来。"一公里"年度展，把艺术引入企业生活，又把企业生活转变为艺术，无外乎是博伊斯"社会雕塑"在数字社会的再现。博伊斯继承杜尚的达达主义传统，把艺术和生活的界限抹平，主张把艺术和社会生活混融在一起，强调思想和观念的创造性，强调艺术对于社会的建构作用。模块美学的主导思想不也就如此吗？

　　"一公里"年度展我们手里至少握有两个工具：一个是"企业文化模数"，由"企业文化模数"作为模块美学的基本构成单元，也就是以此找到最小的美学模块，指导构成企业美学模块的最小单元即模数；一个是将这些模块美学单元，以一种旋律和调性组装和排列起来，以一种基本的范式铺陈开来，而不是随心所欲、随性发挥。古典音乐有一个固定的模式：主题—变奏和发展—重复主题，内容当然千变万化，在某段时间的进行中作轮回式的重复，但每次重复时其意味都不同。更有意思的是，在名指挥家巴伦波因和以东方主义闻名的萨义德对话集中，他们甚至把西方音乐最主要的作曲模式——所谓"奏鸣曲"的基本形式（Sonata Form），即 ABA 式的主调—变奏—主调解释为人生的寓言。朱光潜说："艺术所要表现的情调是比较深永的，低徊往复的，走曲折线而不是走直线，所以表现方式也要有相应的低徊往复和曲折。所谓'诗歌语言音乐化'乃至于'思想情感的音乐化'其意义就不过于此。"如是，"独创性和各种思想资源间的最佳组合"，以"奏鸣曲"ABA 为基本形式，打造一场企业独有的专业级的模块化的艺术盛宴，是我们最大的成功，是观念和企业美学的成功。

当员工目睹它、欣赏它时，即使看到的是 VR，这种企业美的独有内容、内部视角和粗粝原创，也一定能够让他从数字平滑中逃脱出来，看到这个企业的价值、理想、追求和成就。这种模块汇集为一，能让美"召回上千个分散着的个体，使其凝聚成一种表达或一种形态。"[①] 汇集成一个企业的整体性，最终演变成一种征服的美，赋予美真理的光芒。于是，这些模块获得了自由，因为模块变成了主体。

① 韩炳哲.美的救赎[M].北京：中信出版集团，2019: 70.

过去，我是观赏者、我是主体，模块是客体。一旦模块的汇集征服"我"，"模块"摇身一变成为主体，"模块"就自由了。审美关系使主体获得自由，得以展示各自的特点。美由此消弭了主体与客体的关系，每个部分作为主体因其独立性而不自由，但它处在模块群中，处在审美关系中，意味着自由与和解。因此，美能够建立一种与世界、与自我的自由关系。但对美来说，最重要的是处于统一性或整体性之中的各组成部分自身的自由，是相对于整体的自由。

模块化通过事物的相互联系，构成一种叙事关系，美将历史从时光的流逝中钩沉出来，沉淀为我们美好的记忆。韩炳哲说，"美不是事物在当下直接呈现出来的。美的本质是长久以来发生的事情、产生的想法之间的神秘关联"[①]。汇集起过去我们共同的经历和创造的成果，它们在此中相遇并建立起彼此的联系，模块化展示的美就彻底地迸发出来，美在此时此地开始讲述。模块化在叙述历史，我们在这种叙述中成为历史，历史在我们记忆中铭刻成为美。美具有特殊的时间性，它是由闪着磷火的历史沉淀而成的。"它不能被立即享受到，因为一件事情的美要很久以后才会作为一种回忆借着另一种事物的光亮显现"[②]。美本身是滞后，观看、审美作为真理的呈现，然后才是美，这个过程是一个缓慢的过程，人们渐渐才会发现美。少年、青年、中年、老年读《红楼梦》《三国演义》《西游记》，味道越来越醇厚，审美缓慢地累积和释放，从时间性上看是缓慢的过程，它有滞后性。模块化展示，美与观看不是同时发生的，观看是前提，观看之后才会产生美、发现美。对

[①] 韩炳哲.美的救赎[M].北京：中信出版集团，2019: 98.

[②] 韩炳哲.美的救赎[M].北京：中信出版集团，2019: 99.

于企业美学而言，最可贵的不是美的瞬间绽放，而是经年累月的回忆。

企业模块美学的创建，让员工获得"一小份纯粹的时间"，把员工从时间的倏忽中解放出来，一种幸福感飘然而至，穿透整个生命："那一刻，生命的无常对于我而言突然静如止水，人生的灾难也不过是无伤的逆流，生命的短暂也只是一种幻觉；我身上被触发了只有爱才能带来的体会，我感觉自己被美好的东西所充实：或许，这美好并非处于我的内心，我就是这美好的本身。现在，我不再感到平庸、命运无常、年华易逝"①。生命一旦进入到模块美学的场域，找到生命的根茎和依托，打开意识和

① 韩炳哲.美的救赎[M].北京：中信出版集团，2019: 97.

思维的维度，拥占和溢满这"一小份纯粹的时间"，也就有了一小份我的时间和美。

《门前的花园Ⅲ》局部

与美的距离

审美的觉醒

价值美学

模块美学

平滑美学

场域美学

符号美学

「OGO美学

色彩美学

设计美学

记忆美学

环境美学

美学目视化

无知与暴力

移植、嫁接和拿来主义

平滑美学

　　企业面临的困境，是没有对美有足够的尊重，也谈不上对美的创造的规律性把握，还面临消费社会对美的消融和侵蚀。市场经济不断地以取悦和满足消费者为宗旨，美被消费文化打磨的日益平滑，失去对他者的否定性，也渐渐失去美的本真，韩炳哲将其概括为美的危机。他说，"今天，我们正处于美的危机之中，美被磨平，变成了被喜欢、被点赞的对象，成了随意和舒适的代名词"[①]。企业美学面对蜂拥而来的消费冲击，要去化解或借重这种危机。

　　艺术创作最基本形态的绘画，其最初记忆每个人都会终生难忘。同事陪四岁儿子用蜡笔画画，孩子每画一个草莓、苹果、鸡蛋，都反反复复修改、上色，直至满意为止。孩子天性真诚，模仿自然本身，这个描摹的"样本"具有唯一性。

① 韩炳哲.美的救赎[M].北京：中信出版集团，2019：107.

"艺术其实模仿了'自然美的本身',即'自然语言的不可言说性'"。这是追求造型艺术和创造美最初始的一种修订过程,是一种最初始的打磨。同事大学毕业创作,画了一幅《云蒙印象》传统山水,指导老师挂在嘴上的一句话是:"还不够深入,要深入再深入,要画进去"。深入再深入并不是反复地积墨和勾勒,不是平均用力,而是调整画面整体和局部关系,让两者对立统一,这个调整过程是创作,表现出来的便是打磨。一个原创作品是作者从观念、思想、生活、修养,到创作过程中技巧、语言、风格、细节的不断锤炼,是个人修炼、提升和内化的过程。企业美学亦应如此打磨,只是它由个体演变为团队,情况变得更为复杂多样,但原创、积累、打磨的规律是一致的。

宗白华说:"美学是研究美的对象,艺术是创造美的技能。它们是两回事,如同生物同生物学的关系一样"①。美学研究美的对象,最主要的内容是审美。研究企业内部的审美对象发现美,通过艺术来创造美,这是企业美学的两大视野和范

① 宗白华.美学散步[M].北京:上海人民出版社,2017.

畴，共同构成企业美学的基本内涵。企业美学是企业研究美、发现美和创造美的过程，研究美、发现美是前提，是审美问题，是对美的对象进行审美研究的过程，而创造美是一个企业在生活和生产实践中发现美，并随时随地捕捉到美的对象——人、事件、物像和载体，即宗白华所说的"对象"。提升企业审美能力，能看到真、善、美，知道什么是美，哪些东西是美的；通过一切艺术形式，包括诗歌、雕塑、绘画、建筑、音乐等，让美走进企业生活，参与产品生产过程，企业产品在美中自我孕育和塑造。

人们喜欢艺术，在于艺术有颗粒感和刺痛感，会让人眼前一亮，有不一样的感受，内心受到重重的撞击。黑格尔认为，艺术的任务是"将可见外表上每一点所显示的形象都变成眼睛，人们从这眼睛里就可以看出居于内在无限性中的自由灵魂"[1]。纳米比亚推菲尔泉岩画[2]被誉为"6000岁的露天狩猎教科书"，是人类最早通过绘画对世界的感知和美的记录，它是粗糙的纯真的

[1] 格奥尔格·威廉·弗里德里希·黑格尔.美学[M].北京：北京大学出版社，2017.

[2] 世界最大的岩刻画集中地，迄今为止已记载有2000多幅图画。

原始美。艺术作品正因其原创性，造型、构图、色彩、线条、主题、语言别具一格，显得生猛、夸张、有力，内心升腾起真诚的呼唤，于是产生独特的感染力和战斗力。从周韶华、贾又福、蒋志鑫[1]等大写意画家的泼墨作品，到赵无极、朱德群、吴冠中[2]的抽象绘画，一个人一种风格、一种语言，都是大写意或抽象绘画，但其作品就如脸、指纹和声音一样，具有唯一性。作品越深入越持久地打动人，艺术市场上就越长久不衰地流转，原创蕴藏的密码信息、元气情感、原力价值等深埋其中，等待岁月的剥离和发现。2019年10月香港苏富比秋拍，常玉[3]的《屈腿裸女》以1.98亿港元（含买家佣金）成交，网友笑言是全世界最贵的"大腿"。其后的2019年11月23日佳士得亚洲区拍卖，《五裸女》以3亿港元成交，创造个人拍卖新纪录。

[1] 周韶华（1929—）画家，毕业于中原大学美术系，其代表作品《黄河魂》等；贾又福（1929—）画家，毕业于中央美术学院，其代表作品《太行丰碑》等；蒋志鑫（1949—）画家，毕业于西北师范大学，其代表作品《月沉帕米尔》等。

[2] 赵无极（1921—2013）华裔法国画家，毕业于国立杭州艺术专科学校（今中国美术学院），被称为"西方现代抒情抽象派的代表"，其代表作品《红》等；朱德群（1920—2014）华裔法国画家，毕业于国立杭州艺术专科学校（今中国美术学院），法兰西学院第一位华裔院士，其代表作品《永存的刹那》等；吴冠中（1919—2010），毕业于巴黎国立高级美术学校，中国当代著名画家、油画家、美术教育家，其代表作品《长江三峡》等。

[3] 常玉（1900—1966），近现代著名画家，曾长期旅居法国巴黎，被誉为"中国式的莫迪利阿尼""东方马谛斯"，其代表作品《青花盆与菊》《花中君子》《五裸女》等。

艺术作品的原创和独一无二，推而广之就是文化，文化一定有自己的胎记和 DNA。中国传统文化中的汉字、中药、武术、美食等，都是它的基因密码，以此区别于其他文明，这种原创性构成的文化基因，塑造了一种文化的基本特质。

木心说，艺术一定是无中生有，一定是天马行空的[1]。企业美学作品、艺术创作和主题活动如何能做到这一点？如何能产生原创的理念、思想和火花？如何能把原创的点子转换成具体的作品？出发点是打磨，包括团队的打磨。一个作家用十年、数十年酝酿、构思、创作一部作品，也不罕见。陈忠实[2]的《白鹿原》，从构思到写作用了二十年，再用六年多时间去创作。大写意画家挥毫创作一幅作品，可能只有短短几分钟，泼洒的背后是长期练习书法、布局关系、刻骨感受生命的积累，短暂的背后是生命的长期打磨。一幅油画只要画家不想收手，就随时覆盖、添加、修改。艺术大师贾科梅蒂[3]

① 木心.文学回忆录[M].桂林：广西师大出版社，2013.

② 陈忠实（1942—2016），中国当代作家，获第四届茅盾文学奖，其代表作品《白鹿原》等。

③ 阿尔贝托·贾科梅蒂（1901—1966），瑞士超现实以及存在主义雕塑大师，画家，其代表作品《遥指》《市区广场》《戴维.西尔斯特》等。

的自传性质的电影《最后的肖像》，讲述他用十八天为艺术评论家画像的故事，画完了他不满意又覆盖掉，一直追求艺术的极致或所谓他的满意。董希文1953年完成的《开国大典》[①]，也曾先后修改四次，在他的手上就修改了两次。

企业创作出独有的艺术作品，毫无疑问应遵循"打磨"原则。国家电投集团"一公里"年度展，主视觉从初稿到定稿历经十数次修改，字与字间的距离和位置，企业性格色彩的布局、搭配，展览主题的提炼和取舍，"一公里"的毛笔书写，企业标识元素的抽取和选用，每一个元素都精心设计、打磨。"一公里"三个字使用书法家的书法，英文使用数字化方正正粗黑体，书法枯笔留下的非白是粗糙、原始的，英文数字化的字体是平滑、无缝的，两者形成强烈的自然美和数字美的对立和冲撞。原研哉说："黑与白是一种对立矛盾。空与白是事物的两面，是同一维度的两个空间"[②]。

① 1952年底董希文受中央美术学院交付任务绘制此画，耗费约二个月时间完成。1953年9月27日完成图刊载于《人民日报》。该画于1959年开国十周年时入藏北京中国革命博物馆(现中国国家博物馆)。2011年6月，为庆祝建党90周年，油画真迹首次向公众开放。

② 原研哉.白[M].北京:中信出版集团,2016:89.

　　策展的第一步便对展览色彩统一规划，着眼色彩由外到内、再由内到外的循环呼吸过程。色彩并不只是单纯、独立地存在于自然之中，色彩即哲学。绿色和蓝色有 N 种明度和纯度，绿色到蓝色也是冷色系中传递与过渡的自然色阶。选择创新蓝（PANTONE 2756C）、梦想绿（PANTONE 384C），用企业专属色在构图中找到整体和局部的平衡，用色彩表达企业的细微感情，搭建员工与画面之间的情感纽带。年度展从初稿到定稿调整了 30 次，最后方案用手绘和 PHOTOSHOP 模拟展出效果，打印 1 比 1 标识小样，再现场地主视觉和空间的结合度。打磨的出发点是创造美，是制造矛盾和对立面，具有否定性，引人关注，引发思考，根据展示内容、场地效果、展线布局和观者感受等多个维度来策展。"否定性是激发生命活力的力量。它也构成了美的本质。虚弱、脆弱、破碎中都有美。有了否定性，美才有诱惑力"[①]。整个展览环境氛围的营造，这份独有的美感体验，需策展人反反复复推敲、修改、打磨，最终呈

① 韩炳哲.美的救赎[M].北京：中信出版集团，2019：62.

现原创的美。由此强化了叙述语言的张力，理清了情感渊源的脉络，引发员工在思想、观念、价值层面上震动、碰撞和触摸，内在生成巨大的心理涟漪。

打磨的另一面是光滑，是消除对他者的否定，使之没有对立、没有矛盾。光滑的东西，让人看了舒服、容易接受，成为大众消费时代的一个典型特征。荷兰硬表面概念艺术家 Edon Guraziu[①]，致力于机器人、产品、枪械和电影相关的概念设计，他的作品在 20 世纪福克斯影业和环球影业等都有表现，而这种圆润

① Edon Guraziu，荷兰概念机械设计师，目前工作于英伟达(Nvidia)公司，主要为影视和游戏娱乐等行业提供相关的设计创作服务。

和平滑正是商业电影和大片特效所需要的，让艺术在电影这种大众消费品中更容易被大众接受。冷军作为当代超写实主义的代表人物，画面呈现清晰细腻的光影效果，用一种比照片还逼真的平滑之感，让观者感受到一种惊心动魄的视觉力量，他用各种各样的画笔来表达写实质感，以一种近乎病态取悦观者的方法去打磨。今天艺术表现的工具更加多元，尤其是数字化可以说无所不能，一切皆可为我所用。数字化世界似

乎是一个人们用自己的视网膜就能将其尽收眼底的世界。3DMAX、Keyshot、PS、MAYA 这些专业级电子绘图软件，塑造了无以复加的平滑艺术，让视觉效果更加逼真，甚至声临其境地进行虚拟交互。宇宙太空艺术先驱戴帆的作品《一亿个机器人》*One Hundred Million Robots* 横空出世，他的作品是唯美的，包含科技的诡异感和平滑感，他要每一个人感受到因看他的作品而产生变化，是他改变了你认识世界的观念。平滑已经成为这个时代的标签。

　　韩炳哲说，"今天，我们为什么认为平滑是一种美呢？除去美学效果，平滑反映出一种普遍的社会需求，它是当今积极社会的缩影。平滑不会造成什么伤害，也不会带来任何阻力。它要求的是'点赞'。平滑之物消除了自己的对立面。一切否定性都被清除"[1]。杰夫·昆斯[2] 被认为是继安迪·沃霍尔[3] 后最重要的波普艺术家，他汲取了艺术史上的一切养分，达达

[1] 韩炳哲.美的救赎[M].北京：中信出版集团，2019.

[2] 杰夫·昆斯(Jeff Koons, 1955—)，美国当代著名的波普艺术家，其代表作品《小狗》《气球狗》等。

[3] 安迪·沃霍尔(Andy Warhol, 1928—1987)，被誉为20世纪艺术界最有名的人物之一，是波普艺术的倡导者和领袖，也是对波普艺术影响最大的艺术家，其代表作品《帝国大厦》《蓝色电影》等。

主义、杜尚手法、极少主义以及早期波普艺术都成为他参考、借鉴的源泉，他在艺术流派上没有个性，只有光滑本身。但也正是这份"光滑"，让任何一个人看了都倍感舒服，大家都会为他点赞，这造就了《气球狗》系列作品的名声，被比喻为这个时代精神、欲望的代言人。他的结论是，艺术仅仅是"美""愉悦"和"交流"，美只存在于我喜欢的事物中。由于消除否定性和去掉粗糙感，失去对他人的伤害，美自身变得平滑起来。韩炳哲说，"如今，交际也为了使人能够顺利地交换信息而变得平滑。平滑的交际中没有任何对他者与异者的否定。"这使得审美化被视为一种麻醉，常常以肯定、赞美、认同作为出发点，继之以建议、期望向前推进，最省事的办法是以日常工作替代思想、观点的交锋，实际上这种平滑是市场经济、数字化和熟人社会土壤滋生的病毒，更是组织渐渐失去活力的象征和标志。平滑的交际会使双方的沟通和交流速度最大化、效率最高，"平滑的积极性加快了信息、交际与资本间的循环。"美也同人生一样，是在"悲欣交集"的矛盾中随着时间前行，正随平滑消失殆尽，由此构成了美的危机。

　　企业美学与艺术家创作不完全相同。艺术家个人作品只考虑自我表达，与这个世界的沟通，不会考虑你是否认同，大众能否看得懂，他以完整表达个人观念为终极目标。纯艺术是展示个体价值的独立行为，它是尖锐的。企业美学是让所有的员工首先接受并认同美，让员工成为企业美学的消费者，前提员工能看明白、喜欢这种表达，让美的语言走进员工心里，并从内心认同美背后的观念价值。"美变得平滑，并且屈从于消费行为。"企业美学最重要的是寻找一个硬币的两面——原创和打磨。反复"打磨"一件作品，追求极致的原创的美，同时遵循"平滑"的审美原则，让一件作品能为固定的目标市场——广大员工喜爱和接受，自愿自觉地成为企业美学的消费者。

　　企业美学是在矛盾的两极中走向员工和未来的。企业美学立足企业又能走出企业，胸怀开阔，面向世界，吸纳各种艺术形式和流派的观念、语言，借重各种社会资源、力量，让企业美学有自己的符号和胎记，依照"原创"精神打磨，在原生、原创中获得新生。斯塔夫里阿诺斯在《全球通史》中强调："文明是在交流和碰撞中产生的"①。企业美学与任何一种社会观念、方法、工具的融合，都会产生意想不到的效果，会给自己赋能和"加持"。全息投影技术的应用，微型机器人实物走秀，若干大型车辆直接摆放到室外参观体验，网上虚拟展厅和电子屏幕滚动播放等形式，将展览赋予现代感与科技感。乔布斯说什么是创新，创新即为重新组合，对原有素材的重新排列组合会产生新的事业，这就是创新。企业美学也需要这种重组，与时代脉搏同频共振的"偷师"，交流、借用、嫁接、移植一切社会美学语言、观念、方法，重新排列组合为我所用，这是企业美学打磨的另一个维度。企业美学是企业各种艺术实践的集合，拥有属于自己的价值、理念、原则、设计、方法、工具，用美实现价值传播的方法，不断打磨是这枚"硬币"让人惊喜并光滑可人的必经之路。

① 斯塔夫里阿诺斯.全球通史[M].北京：北京大学出版社，2005：340.

　　6500万年前，一颗陨石撞击地球，这次宇宙行星的摩擦，让这颗星球迎来哺乳动物的黄金时代。今天非洲一支被称为能人的祖先，通过石器打磨制作出已知最早的工具，让人类进入了石器时代。从新石器时代、青铜时代、铁器时代、蒸汽时代、电气时代，一直走到今天的信息时代，仅仅用了几万年时间。文明进步的足音，是人类与自然环境角力、斗争、和谐的过程，更是一个由粗糙到平滑的打磨过程。打磨等于创造，平滑只是附属品。当资本主义的兴起，人们对物质的疯狂追求，消费主义盛行，平滑迫切需要打磨。如今数字化风起云涌，已渐渐上升为统治地位，光滑成了它的基本属性，与消费主义不谋而合，打磨等于平滑，创造与美或为第二属性。韩炳哲说："数字化之美排除了他者的否定性。因此，它非常平滑，不会有裂隙。其标志是不加任何否定的满足，即自我喜欢"①。此时此刻，打磨与创造分道扬镳，数字化成为分水岭，它让

① 韩炳哲.美的救赎[M].
北京：中信出版集团，
2019: 33.

平滑轻而易举，平滑成为波普艺术，大量复制，广泛消费。打磨与创造，平滑与消费，这是今天美学面对的危机，也是企业美学的唯一出路。

穿红蓝靴子的女孩

场域美学

康德[①]希望，我们作为主体在自然面前，相较于对自身优越性的认识，能更多地认识自身的自然性。珠穆朗玛峰登顶，电影《徒手攀岩》[②]观看，那一刻在自然面前，更准确地说是在崇高面前，作为主体的我们泪流满面："泪水涌了出来，大地再次拥抱了我。"

在自然面前跪地臣服，与其说被美征服，不如说被自然美中隐藏着的崇高征服。美恰恰因为崇高而不可逾越，柏拉图说我们无法区别美与崇高。与王澍漫步中国美术学院象山校区，最先映入眼帘的是一座缓缓的小山，山上绿树掩映，隐隐约约有建筑的存在，山脚下马路自然切割出地块，斜斜的垄沟规则性地排列，一片乡野中常见的菜地，熟悉、

① 伊曼努尔·康德（德文：Immanuel Kant，1724—1804），出生和逝世于德国柯尼斯堡，拉脱维亚裔德国哲学家、作家，德国古典哲学创始人，其学说深深影响近代西方哲学，并开启了德国古典哲学和康德主义等诸多流派。康德是启蒙运动时期最后一位主要哲学家。

② 《徒手攀岩》是由金国威、伊丽莎白·柴·瓦沙瑞莉联合执导的纪录片。

亲切又有隔离感。站在建筑艺术学院高大山墙的内院，王澍独创的三合院落向外、向远方敞开，此刻恍然大悟：远处郁郁葱葱的山林，山下禾苗茁壮生长着的田地，田地旁由远及近的溪水，大自然的馈赠尽收眼底，自然之美让你回忆、沉静、温暖。王澍说，造房子就是造一个真实的生活世界。无论建筑艺术学院的三合院，还是中国美院象山校区，他营造了一个特立独行的世界，一个让人沉浸其中、延续历史和自然的场域。700万片回收的旧砖瓦，象山校区得以在时空、山水和历史中贯通和徜徉。这种场域表达的是"言有尽而意无穷"，一种悠长的绵绵的文化氛氲。

　　大自然是最好的老师，是精神治愈者，美的雕琢者，所以醒目、醒神、醒脑，是"人们在存在者中捕捉自然美，从而伤害了尚未存在者"。自然美拒绝被利用，包括消费和交流，我们只能远远地观"看"。为观"看"那山岭、那田野、那溪水，王澍围绕着大自然建构了"三合院"，让天地人、历史与现实、自然与人文在特定场域中闪耀光芒。

今天我们面临的问题，是世界充满平滑的美，不加任何否定的满足。我喜欢与自然美形成对立。数字之美营造了同者的平滑空间，没有否定，没有裂缝，没有相异性，有的只是赞不绝口的表扬和"点赞"。韩炳哲说："就连自然，也被数字化之美变成一扇通不到窗外的窗户。存在的绝对数字化使得绝对人格化，即绝对主体性得以实现，人的主体在这一人格化过程中只会与自己相遇"[①]。七十年前，钱穆说"人文本从自然中演出，但人文愈发展，距离自然愈疏远。距离自然愈疏远，则人文的病害愈显著"[②]。两个世纪的观点相遇，核心思想异曲同工，人、人文和自然的疏离是文化病症的要害。

① 韩炳哲.美的救赎[M].北京：中信出版集团，2019: 34.

② 钱穆.湖上闲思录[M].北京：九州出版社，2016: 27.

打造一个美的人文环境即场，便要结束这种疏离，将自然与人连接，与历史连接，营造自然在场的人文韵味。十年前，国家电投智慧能源公司（国核电力设计咨询规划研究院）在北京六环附近征地80亩规划建设，因从山东搬迁而来，就从自然入手，为员工打造一个安顿心灵的场域。院区分东西两个区域，将中国文字中独有的"凸凹"特征融入其中，对建筑风格进行整体布局，折射"以和为本"的价值理念。四季植被造林，文脉典故造景，自然景观与人文景观相映成趣，四季都是不同的风景。大门口来自山东的三块整石，上刻"以核为先、以合为贵、以和为本"的国家核电核心价值观。雕塑作品《链接》由两块岩石组成，一块取自山东荣成石岛湾，寓意参与设计首台"国和一号"核电站，一块取自北京西山，寓意公司所在地。两石咬合，形成卯榫结构，寓含常规电与核电、山东与北京的跨越与传承。贯穿建筑风格、文化功能、园林景观、室内装饰、视觉应用、理念展示和色彩运用等数个维度的，是来自特定地域大自然的韵味、质地和粗粝。钱穆说，我们"使此心时常回到太古乃至自然境界，让他空荡荡的，不着一物"，"要使个人人生常感得自在舒适，少受捆缚，只有时时回复到这一个心态上，再来吸取外面大自然的精英。这是一个方便法门，文化圈子里的人明白了这一方便法门，便可随时神游太古，随时回归自然了。"回想数年前去华为深圳总部的情景：车子一开进华为园区，绿意扑面而来，犹如进入一座森林公园，园区绿化率高达 40%，满眼是茂林修竹，中心有一湖，湖边长满错落有致的大树，微风拂动中楼宇若隐若现。有别墅般的员工训练中心，博物馆般的办公室，美术馆般的展示厅，楼宇内饰的油画、雕塑等艺术品，现代艺术气息浓郁。室外是大草坪，草坪周围鲜花点缀，一眼望去，心旷神怡。华为的自然环境让人记忆犹新，那样的场域美学营造，人会"随时神游太古，随时回归自然了"，也许这就是任正非的野心所在——让员工每天与大自然亲密接触，与大自然为伍。大自然、大自然的要素和美如影随形，一同营造完整的独有的场域美学，源源不断地输入特定的能量，师法自然、心法自然。

数字社会的今天，技术发展让每个人都接入网络，成为虚拟空间中现实的人。虚拟空间与现实世界完整链接，虚拟空间对现实大举侵入，个人的偏好、意识和自主，很可能是系统操控的结果，现实空间也不是完全现实的，现实中有虚拟，虚拟中有现实，我们生活在现实与虚拟相互构造的新世界中。这种空间的变化，让数据主权浮出水面的同时，对场域美学带来秩序性变革，场域基础关系即时空关系发生根本性变化。2021年河南电视台春晚节目《唐宫夜宴》，抛弃媒介技术的叠加、三微一端一抖的运营，用5G+VR的方式将博物馆搬到现场，用人来展现文化，造就了一个别开生面、引人入胜的场域美学。五分钟舞蹈成功出圈，成为微博综艺晚会栏目类第一，相关话题阅读量25亿。《唐宫夜宴》的成功，是数字技术的胜利，数字化技术和更多数字IP、优秀传统文化的加入，虚拟场域美学带来的体验极大丰富，最终形成数字化时代的新传统文化——文化的时空转换和转化。

数字技术通过全面接入跨场景、跨时间、跨区域的数字化触点，让优秀传统文化因技术加持，生长出全新的场域美学和文化传播的感知方式。腾讯基于"科技＋文化"的战略，以IP为核心，与故宫和敦煌研究院合作，把古人和今天的创作者，包括用户一并串联起来，从泛娱乐到新文创，从产业链到生态圈，从商业价值再到文化价值，形成一个无边界的跨时空的数字化的场域美学体系。故宫中处处可见祥瑞的身影，传说中的龙凤、大地上的象狮、海底的珊瑚等多种瑞兽，以及雕塑、装饰等意寓吉祥福瑞的中国文化符号，一项项地进行数字化转换。比如《皇帝的一天》《韩熙载夜宴图》《每日故宫》等 APP 就是如此。数字技术击穿时间和空间壁垒，让不可能变为可能，让"审美"与"生活"发生深层次黏合。在线展览、VR 展厅、视频导赏等手段，让人身临其境，随时随地从生活中一脚踏进场域美学。正因如此，场域美学得以越来越多地走近员工身边，成为嵌入员工生活的一部分。疫情期间抖音推出"沙发音乐会"，刘德华、崔健、李健等纷纷举办在线演唱会，有数千万甚至数亿人同步观看。李子柒短视频的全网火爆，再次印证了"美学是作为有关身体语言诞生的"，深层次原因是审美价值的提升和审美距离的介入，引发人们对背离诗意自然的伤怀，唤起个人潜沉的历史文化认同感和心灵渴求。与数字化时代相遇，企业场域美学可以轻而易举地将员工情感、精神和美的需求落地于生活。

能量的相互影响和叠加，场域之美生发出共振和鸣，个体在纷纷扰扰和飘忽不定中被击中内心，有那样一段独属于自己的时光。谷歌公司"沉浸式空间"（Office of Things）为员工营造一个冥想的场域，用光线、声音、色彩、线条架起心灵与物象的桥梁，摆脱与外部千丝万缕的关联，营造清新、欢愉、松弛的场域。员工眼里看到的是风景、画面和温暖，是记忆中更加直接和熟悉的味道，是快乐愉悦的体验，是有别于他者的独立存在。韩炳哲说，"如今的审美体系之下，太多的诱惑力被制造出来。在这种诱惑和刺激的洪流中，美正在消失殆尽。这股洪流使得与客体之间可供沉思的距离不复存在，并将客体用以消费"①。场域美学一定是快乐美学的存在，不仅是客体被消费，重要的是引发员工共鸣与思考，一场展

① 韩炳哲.美的救赎[M].北京：中信出版集团，2019：63.

览、一个活动、一次会议，员工主体有获得感和幸福感。美是尚能承受的不可承受之物抑或变得可以承受的不可承受之物，像伞一样遮蔽我们免受可怕之物的影响。美是具象的图形，是有象征意义的"一把伞"，它赋予

无形之物、无差异之物以形。场域美学将所有特殊符号和对立并非真正独立的对象，在视觉和观念上自发地去协调一致，去达成和解，进而融合共生。场域美学给每个员工送去"一把伞"，将企业的价值、观念和情感焦点化和具体化，触摸和感知它的存在。

我们内心感受到的一切，都源自于场，源自于场域。场域是我们认知美的根本。场域出现的能量波动，意味着心境的出现和湮灭。参观寺庙、宫殿、博物馆，内心会肃然起敬。在自己的家里，一间不大不小的书房，一盏昏黄的台灯，焚香品茗，读读闲书，何其悠哉。雪夜孤灯读禁书，为天下第一乐事。场域传递一种超然物外的东西，深深影响着你，把你的心攫住。文字中亦存在心与物的融合，就如诗是人之"意"与世之"境"的欣然相遇。企业场域美学可以是一首诗或一首歌，然后演绎一场面向全体员工的"好声音"或者"好故事"，再到反映一个时段企业整体成就的"年度展览"。从细小之处进入，不离不弃、弦歌不辍地坚持，跨越时空的宏大覆盖，场域美学无时无刻不在。

美是情感在生活中的刻骨体验，场域之美因时而动。海涅 [①] 赞扬罗西尼 [②] 的音乐中有金子般的嗓音、美妙的旋律之光，如绕耳不绝的蝴蝶之梦，让"音乐的光芒"普照这个世界。2011 年，国家核电在解放军歌剧院举办"和之乐"新春音乐会，70 分钟企业原创音乐作品，演绎营造了一个高雅别致的企业场域，在那里员工看到另一个自己，一个超凡脱俗的"我"，由此得以进入文化价值认知层面。就如霍夫曼说罗西尼的音乐一样，是"艺术享受者们"舒舒服服、咕咚咕咚喝下去的"香甜的罗西尼式汽水"。场域美学因时代而变化，这个变化的内在动因是个体和大众审美的觉醒，顾客也就是消费者对精神需求有了跃升，包括认知、感化、愉悦、美化生活、身份认同和全面发展等需求。融入文化、审美特征的产品，给消费者带来不同的价值感受、消费体验和满足感，创造产品的审美价值、品牌价值和社会价值，再构了产品。在产品质量、性能和品质

① 海因里希·海涅(Heinrich Heine, 1797—1856)，德国抒情诗人和散文家，被称为"德国古典文学的最后一位代表"。

② 焦阿基诺·安东尼奥·罗西尼(Gioacchino Rossini, 1792—1868)，意大利歌剧作曲家，代表作为《塞维利业埋发师》。

相同的条件下，融入产品中的历史、价值观、生活方式、审美语言等文化因素和符号，大大提升产品附加值，产生产品溢价，企业获得超额利润，产品由此在数字社会有了文化定价权。也就是说，文化和审美因素重构了数字社会企业价值链和核心竞争力，今天我们比任何时候，都渴望浓郁、强劲、香甜的"美学汽水"，不仅仅对企业员工，对消费者或顾客更是如此。

刺点作为摄影的一个关键要素，让观者欣喜、悲伤、错愕，抓住我们所有的注意力。韩炳哲说，"刺点是一种眼神，一种猛兽的眼神，注视着我，质疑着我眼中的自信。它看穿了能带来所谓视觉盛宴的摄影技术"[①]。场域之美的特别之处也在于此，它客观存在于人类文明，无状无名，却极具穿透力，能钻进内心，直抵心灵深处。过年，人们要祭灶神，贴对联，剪窗花，放鞭炮，穿新衣；教堂的穹顶和光线，总是神圣而庄严；美术馆每一幅作品的灯光，都有与作品相匹配的色温和阈值；孩子在家办一场诗会，家长会布置相应的舞台和背景，使之与主题相匹配。每

① 韩炳哲.美的救赎[M].北京：中信出版集团，2019：48.

一个专属的区域都有属于它的场力，它是情绪、潜意识的外延，是象征与真实，是图像的物质部分还原到思维的真实维度。它的直接性和质感无需通过意义和重要性来传递，就直达精神。

场域之美非常贴切地阐述对象的"物性"知觉。20世纪60年代，极简主义艺术的诞生，为艺术界带来了一场影响深刻的运动，在它的影响下促成了公共艺术、大地艺术的兴起，让艺术的阐释范式从"视觉"转向"知觉"。罗丹的作品《维纳斯塑像》，不缺少任何必需的东西，完备，美满，丝毫不需要增补，身体超出自然局限而学会拥抱，双臂已是多余的装饰，无臂拥抱的表达效果，更具"此时无声胜有声"的场域美学效果。穿讨798尤伦斯巨大而难以逾越的空间，一幅作品侵入视野，你还没来得及问自己这有何意义，作品已经强化为一个孤傲的个体身份，如一束光让你进入它的领地，此时此刻你作为另一束光，所有外部的现实，交融却又独立。美与存在，瞬间得以实现。

弗雷德说，"无法被'平面'所'驯服'的雕塑的三维空间，恰恰是我们借以生存、行动、感知、经验、同他人交流的现象学结构。"石虎从另一个维度说：看一场完整的展览，就是观者看到作品后内心的反映加之作品本身、加之展馆空间，三者合一的化学反应，得出的东西才是一幅完整作品。场域美学是一个多元素相互关联、共同加持、化学合成的美学范式。

国家电投集团"一公里"年度展览，以企业 VI 辅助图形的专属曲线贯穿整个展出场景，根据展览场地、动线、主题规划限界，确定红色与绿色主色的比例。在场地的中轴线，以 3 米高菱形柱连续展示一年 52 期《国家电投报》头版，报纸展板两侧是年度十大新闻、年度 20 个先进集体和 30 个杰出奋斗者，背景板辅助色选用企业性格色彩"中国红"，地上用企业性格色彩"梦想绿"和企业 LOGO 标识作为辅助图形勾勒，楼上俯视它不只是红绿的色彩对立，用国家电投集团自己的空间，表现自己企业价值的高贵，员工观察简单的熟悉的全新的展览现场，愿意相信自己眼睛带给的独立思考和判断。图文并茂的展板、实物、产品，属于国家电投集团的背景音乐，多维度地营造出独有的场域美学。每个员工总会在这里找到一种归属感和认同感，从中感受自己企业的温度和精神之美。场域调动与我们分享的主动性，在文化中达到共鸣，能看得见、摸得着企业的灵魂，看得见企业的价值和成就实体。国家电投集团"一公里"年度展以场域美学为载体，形成与企业文化价值理念齐肩的美学实践，企业价值追求通过设定的场域形式，使其远离同一性的整体，成为同一性以及差异性的美的形象，是企业美学统领下的整体性而产生的真理。

贾科梅蒂的雕塑表达的是一种"距离体验"，拉长如刀锋一样的人物表达从远距离视觉感受。如果说贾科梅蒂雕塑是在客观世界中"刻画"距离，那么塞拉作品中的"距离"却是在场的，是场与场之间的相互"加持"与"共鸣"。在观者审视美感语境中，空间不知不觉地变换着与审美对象的视角关系。塞拉的《转换》，两座山丘横穿一片农田，两座山丘之间又有一条曲形山谷，既是对地理环境的塑造，更是一个精心建构的"场域"。塞拉的作品即位于这块延绵的带状山谷中，埋入了六块混凝土结构，呈高低不平状向前蜿蜒，创造了一种新的距离体验，这种距离体验是在场与具体的。企业展览如果放在企业自己的场域里，比如放在办公大楼，放在企业年会的建筑里；比如时间选在一年一度的元旦或春节，距离感就完全不同，放在一个特定的或者特别的空间和时间，场域关系自然生发，场域中每种色彩、每个平面、每个展品和每个人都是一条条不同的磁力线，时间、空间、物品、人和色彩、光线、音乐等共同为展览"加持"，展览、会议、大楼、节日等诸要素产生审美共鸣，一个逐级放大、生发的场域之美的过程，即企业场域美学的终极呈现和样貌。

　　数字社会大众审美的觉醒和观念的生发，审美更加个性、丰富和多元化。审美需求正与精神需求合二为一，是这个时代的风向标。场域美学将多元而自由的美和精神元素汇聚成一束光，照亮这个纷乱无序的世界，照亮在场的每一名员工。普罗提诺以显而易见的热情说道："每个物体都被其他物体所看见。在这个王国里，没有任何东西不是透明的。没有任何东西是不可进入、无法看透的，光明遇光明。一切都分散在四面八方，一切都是一切。每个东西都是全部东西。太阳就是所有星星，而每个星星又是所有星星和太阳。任何人都不会觉得自己走在外来的大地上"①。那统一的宇宙，那对同化和交流的崇拜，此时此刻已是永恒。从图像到现实，艺术本质上是一种人为的主观臆造，是心照不宣的

① 豪尔赫·路易斯·博尔赫斯.永恒史[M].北京：上海译文出版社，2017: 5.

虚幻，正因如此，才有无穷的幻想和魅力，我们才能从繁琐庸常、日复一日的现实中，大踏步走进那个五彩缤纷、绚丽无比的奇妙世界，让普罗大众有了生机、活力和憧憬，体会活着的意义。

哲学家克里希那穆提说，"用自己的光照亮自己。"对于企业而言，这束光就是美，就是企业美学，就是企业场域美学。企业场域美学简而言之，是生动有力与和谐统一的协调一致，表现为不同时间点对同一地点地占据，或不同地点对同一时间点地占据。此时，美即永恒。

《穿红蓝靴子的女孩》局部

与美的距离

审美的觉醒

价值美学

模块美学

平滑美学

场域美学

符号美学

「ＯＧＯ美学

色彩美学

设计美学

记忆美学

环境美学

美学目视化

无知与暴力

移植、嫁接和拿来主义

符号美学

"文化现象都是符号现象。"符号作为企业文化传播的基因和代码，通过建立整套符号系统，构筑一个由自身所创造并与现实世界平行的文化世界。它构筑了企业文化的"砖石"与"基础"，搭建起了企业文化系统的内在逻辑结构。符号不仅形成企业的种种文化景观，更成为企业的独有标志，超级符号就是超级品牌。

企业审美意识的全面觉醒，是企业在市场需求全面迭代下的自觉行动，具有外在快速迭代与内在自我觉醒的双重驱动。这种动力的活水源头，来自于数字社会的巨大变动，内因是动摇了人们的时间、空间、供需、读写、学习、选择等时序关系，改写了企业与社会、企业与客户、企业与企业、企业与员工的关系，甚至重构了企业的生态、企业和企业家的定义，包括企业的边界、企业内部的组织和管理、生产流程、商业模式及盈利模式等。具体看企业自身，从价值、理念、战略、组织、管理、制度、流程，到产品、客户、市场、生态等，都发生或正在发生系统性迭代。从时间维度上看，一定是天翻地覆的。正因如此，在新的经济社会系统和新一代客户群体中，企业如何被辨识，产品如何被辨识，员工如何被辨识。进一步看，更有员工与产品、企业、社会如何辨识的问题，即员工如何体现个人价值和社会价值的问题，企业如何体现自身独特社会价值和市场价值问题。提高数字社会企业综合辨识度，符号美学从幕后走到前台，成为企业价值传播和企业文化落地的主角。

数字社会人的生理属性和技术产品间，发生"协同演化"，符号升级预示人类社会进入一个"高度符号化时代"。韩炳哲说，"数字化世界似乎是一个人们用自己的视网膜就能将其尽收眼底的世界……数字化的视网膜将世界变成显示器和控制屏"[1]。数字社会即符号社会，数字经济即符号经济。符号成为企业美学的基本要件和核心要素。没有语言符号的企业美学，数字社会条件下就不能称其为

[1] 韩炳哲. 美的救赎[M]. 北京：中信出版集团，2019: 35.

企业美学。数字社会企业美学，本质是经归纳、概况、抽象的符号美学。符号美学通过各元素间的关联，把产品特征的外在表意和人的思维、心智、情感相连接，向受众传递着企业蕴含的核心价值和美学理念。符号美学将企业文化的物质意义、精神意义、行为意义等审美经验符号化，即从审美出发，在对产品的美化中完成对审美主体人格的塑造与完善；在符号消费的趋势下，赋予品牌象征意义；让设计成为文化传播的物质载体及符号的凝聚物。

企业与美的距离，在于企业美学滞后于科技革命，滞后于数字革命。具体表现为企业美学的迭代速度落后于社会变革的速度，企业美学缺少旗帜鲜明的美学符号，包括产品缺乏个性、没有品牌和文化含量。迭代速度滞后表面看是企业自身问题，当静心观察发现，根源是社会整体迭代速度快于大多数企业自身的迭代速度，作为社会主体的人的认知范式发生根本性改变：从"具体"走向"抽象"，从"连续"走向"间断"，从"实体"走向"现象"。以往"具体、连续、实体"的认知时代，产品外在感受、内里可知，逻辑直白，功能和形式的互生关系形成产品的内外一致性。在今天"抽象、间断、现象"的认知时代，产品的形式及功能不仅来自于具体的原理、结构及产品的内部，还来自于产品之外的关系。人类的物质越发达，人类的精神就会越迷茫，越容易对产品无形的东西如饥似渴，比如精神认同、审美慰藉、品牌浸淫等。未来有形产品甚至不赚钱或者亏本，但产品承载的无形的文化属性却越来越值钱。产品承载更多的是符号内容，不再是单纯基于功能的工具，它成为具有媒介意义的容器，去追求其承载的社会价值、象征意义和精神内涵。从使用功能看，当年热卖的苹果手机，很多产品可以替代，关键是苹果手机此时已成为一种文化符号，半夜排队第一时间高价购买，是为了消费"苹果"文化，也是消费者迫切地想拥有苹果手机这个符号且借此让自己成为一种符号的文化，这种文化只有当消费者在最早时间购买到才能体现出文化和符号的价值。

符号学家卡西尔[①]说，符号化的思维和符号化的行为是人类生活中最富代表性的特征，并且人类文化的全部发展都依赖于这些条件。世界是符号的世界。世界的本质是质地相异者共生共存，因相异才有不同、才有生，因生生不息才有这个世界。相异者是个性或存在的前提，也是符号存在的前提。符号只是相异者的外在表象。皮尔斯说，我们的思考活动是以符号作为载体来完成的，我们的感知活动，无论是对物品或环境等实体世界，还是抽象的内容，无不都是思维的参与，知觉总是追随着感觉意识。其中，语言是人类最深的印记和标志，即符号系统。人称"圆点女王"的日本世界级前卫艺术家草间弥生[②]，将圆点作为艺术符号，幼年就对现实生活中的圆点充满兴趣，她看到的世界仿佛隔着一层斑点状的网，红点、绿点、黄点，极度夸张，颜色艳丽。圆点作为绘画语言，只是草间弥生信手拈来的一个符号。人类思维的基本过程，是从具象、意

[①] 卡西尔（Ernst Cassirer, 1874—1945），德国哲学家、文化哲学创始人，著有《自由与形式》《神话思维的概念形式》《语言与神话》《人论》等。

[②] 草间弥生（Yayoi Kusama, 1929—），生于日本长野县松本市，1956年移居美国纽约，前卫艺术家，现居住日本东京，其代表作品有《彷徨的梦》《花(D.S.P.S)》《无限镜屋》等。

向、抽象到符号，中国汉字是最鲜明的例证。一个艺术家成熟的标志是找到自己的语言符号，无论是圣桑、德彪西的音乐，梵·高、毕加索的绘画，还是吴冠中、赵无极、朱德群的艺术，符号已经从作品中飘逸出来，成为一个作品的灵魂。当然作品的灵魂只能是作品本身，而不是符号语言，只是当人们越熟悉其作品，符号语言才深深地刻入脑海，语言符号也就从作品中渐渐游离出来，最终在记忆中活成观者（听者）最熟悉的、一致性的、具有标志意义的旋律和笔触。此时，语言符号与作品合二为一，又油水分离，符号也就成为一个独立系统。蒋志鑫45年绘画历程中，形成七个系列作品，一路做着减法，追求作品表达的抽象化和精神境界的空灵，直至牦牛系列作品，将笔墨彻底符号化。近看画面是一团墨块的叠加，牦牛从书法中提炼元素，将形体结构变成了书法笔墨结构，当凝神回望画面时，牦牛变成了一个个抽象符号[①]。符号是事物不同者的外在表现或标记，每个事物因异而有不同信息或标记，以此相互区隔或区分，如肤色、

① 蒋志鑫.蒋志鑫集[M].北京：中信出版集团，2020: 117.

男女、你我，如耳眼鼻舌身意，如奔驰、宝马、奥迪，也如伏明霞、郭晶晶、全红婵[①]，最终如文字。维特根斯坦[②]说，"语言的界限即世界的界限"。一切皆因符号，世界才有彼此的区分，我因此才记住你。一句话，"人是符号的动物。"

　　人是一种悬在他自己编织的意义之网的生物，而文化就是这个网，符号就是这个网的材料。人是文化的人，文化是人的文化，而文化最基本的要素就是符号，符号是人的生命活动的文化表达。"人对文化的识别是通过符号来进行的，文化与文明的产生都依赖于符号，正是由于人有着使用符号的能力，文化才可能存在。文化是符号的母体，符号是文化各种形式之间的沟通工具"[③]。人类生活与符号相伴相随、相得益彰，符号深深侵入人类生活的骨髓。孩子出生的第一口奶水——母乳的芳香，品尝第一口奶粉——生命以此为鲜美标准，

① 伏明霞，前中国跳水运动员，世界冠军，奥运冠军，主要奖项巴塞罗那奥运会女子10米跳台冠军；郭晶晶，前中国跳水队运动员，世界冠军，奥运冠军，主要奖项2004年奥运会女子3米板单人冠军；全红婵，中国国家跳水队女运动员，主要奖项2020东京奥运会跳水女子单人10米跳台金牌（打破世界纪录）。

② 路德维希·约瑟夫·约翰·维特根斯坦（Ludwig Josef Johann Wittgenstein, 1889—1951），作家、哲学家，分析哲学创始人之一，其代表作品12卷《维特根斯坦全集》。

③ 郭鸿.对符号学的回顾和展望：论符号学的性质、范围和研究方法[J].外语与外语教学, 2003: 5.

儿时每一种食物味蕾的最初记忆——都可能影响一生饮食偏好和习惯，这一切都将是生命最原初的记忆符号化。从柴米油盐酱醋茶到吃穿用度，从养生护肤到家电汽车住房，从读书购物到健身旅游，产品、品牌、符号就如海洋，个人如汪洋中的一条船。符号构成了世界，我们每个人穿行在符号浩瀚海洋之中，辨识最熟悉、印象最深刻、眼中最明亮的那颗星，找到回"家"的路。符号从生活、生产和文化中生发，是隐藏在人类历史中的文化"原力"，是长期生产生活中铭记的集体契约，是蛰伏在人类文化深处的集体意识。

　　社会学家让·鲍德里亚[①]认为，商品不仅具有马克思所说的使用价值和交换价值，还有文化价值和符号价值。消费者除消费产品本身外，还消费产品所象征和代表的意义、心情、美感、情调和气氛，即对这些符号所代表的"意义"或"内涵"的消费。数字时代，大众消费已从基础性的物质消费，转向追求消费产品文化内涵和象征意义的符号消费时代，也就是对于

[①] 让·鲍德里亚（Jean Baudrillard, 1929—2007），法国哲学家、现代社会思想家、后现代理论家，"知识的恐怖主义者"，其代表作品物体系、象征交换与死亡、消费社会等。

审美的消费。个体通过拥有并使用物品来建构、发展和表达"我买故我在"。物品除了展现其成就、个性、信仰、价值观、生活方式等个人自我，也传达声望、社会地位、财富和所归属的社会群体等社会自我。在这一大趋势下，符号美学着力实施品牌化战略，对品牌象征意义进行萃取，从中捕捉商品符号化的灵感，赋予品牌象征意义并获得认同。

"一切的文化，除了物质的形式之外，都是以符号的形式而存在的"[①]。超级符号即超级品牌。20 世纪 50 年代以来，茅台酒瓶上一直系有两条红色的飘带。系着红飘带的茅台酒犹如跳着一曲喜庆的"红绸舞"，代表了中华民族，代表了"中国最好的酒"。60 多年来，茅台酒开发的产品不管包装如何变化，设计如何新巧，这红色的飘带始终作为茅台酒瓶无法缺少的配件，成为茅台酒最为直观的象征符号。从凡勃伦[②] 的炫耀性消费，鲍德里亚的符号消费，到布迪厄的文化消费，符号消费不断嵌入于现

① 叶舒宪.人符号类学与符号经济[M].南昌：江西社会科学，2005：10。作者为上海交通大学首批人文社科资深教授。

② 托斯丹·邦德·凡勃伦（Thorstein B Veblen，1857—1929）美国经济学巨匠、制度经济学鼻祖，其代表作品《有闲阶级论》《营利企业论》《德帝国与产业革命》等。

代社会并发挥重要作用，成为数字社会的一道景观。将不同时期苹果手机放在一起，眼前呈现出的画面启示你：手机由工具演变成内容的容器，造型从具体走向抽象，设计退到了物品之后，作为一种现象走到舞台中央。

瑞士语言学家费尔迪南·德·索绪尔[①] 认为，符号是由能指和所指两部分构成。能指即符号所采取的形式，属于感官效应；所指即其代表的意义，属于意象范

① 弗迪南·德·索绪尔（Ferdinand de Saussure，1857—1913），瑞士作家、语言学家，现代语言之父，其代表作品《普通语言学教程》。

畴。企业文化作为一种符号，是形意之合，是外在形式和内在意象的统一体。外在形式，如企业 logo、企业性格色彩、企业辅助性格色彩和造型、比例等视觉符号要素，它构成媒介载体。员工通过这个载体，从人类第一自我瞬间衍化为第二自我，引领员工抵达意象所指的精神世界。符号美学将企业文化的物质意义、精神意义、行为意义等内涵，进行象征性符号化，以隐喻结构的方式完成意义符号链的系统编码，将企业文化治理目的与意义符号功能紧密联系，传播传递给企业员工，员工按照一定的解码规则，阐释理解企业

文化的符号意义，在共享文化意义的同时，按照文化意义指令改变个体的思想和行为，形成企业所期望的价值行为范式。2012年，徐冰[①]与纽约一位叫南希的青年人说："好的艺术家是思想型的人，又是善于将思想转化为艺术语言的人"[②]。将企业文化转化为企业美学，转换为员工乐于看、喜欢看、看得懂的艺术形式和语言符号，这是企业的内功和修炼。国家电投好声音、国家电投好故事、国家电投新春和会、国家电投企业年度展等，每一个文化品牌都精心编织了一组语言符号，最终会合打造一场符号美学的盛宴，带有强烈的符号胎记。符号美学的大前提是企业和企业文化本身，企业文化包括logo和企业性格色彩等是符号美学的基础符号，是企业随时随地最为常用的日常符号，在此基础上关键是创生出超越企业文化固有的富有鲜明个性的新的企业文化符号。《和》杂志[③]，从中国传统文化"和"

[①] 徐冰(1955—)，独立艺术家，毕业于中央美术学院版画系，1999年获得美国文化界最高奖：麦克·阿瑟奖(MACARTHUR AWARD)，其代表作品《天书》《地书》《凤凰》《何处惹尘埃》等。

[②] 曾焱.当代艺术访谈录[M].生活·读书·新知三联书店，2020: 21.

[③] 《和》杂志，由原国家核电技术有限公司(SNPTC)2007年创办的企业内刊，月刊，前期64页，后期128页，发行范围主要为企业内部员工，编辑发行13年时间，出版157期，印发120万册，在企业初创和重组融合时期架起了企业与员工思想沟通的文化桥梁。

文化和国家核电的"三和文化"这个大背景出发，将"和"从中抽离出来，独有的杂志名称会让你眼前一亮，瞬间完成符号化。三菱电梯"上上下下的享受"宣传语、南方电网"万家灯火、南网情深"的宣传，招商银行"为你而变"的企业宗旨，这些神来之笔的符号语言，都是可遇不可求的。更多的时候，是从企业和企业文化的金矿里挖掘，因时而变地捕捉瞬间灵光。2022年北京冬奥会主题口号"一起向未来（Together for a Shared Future）"，作为奥林匹克精神和主办国独特文化和精神的生动体现，反映了在当前新冠肺炎疫情条件下，世界渴望携手走向美好明天的共同心声，跟奥林匹克格言新加入的"更团结"高度契合，也与2008年北京夏奥会"同一个世界，同一个梦想"一脉相承，有传达、有传承，是心声也是共鸣。国家电投集团倡导"超前领先一公里，协作支持一公里，最后落地一公里"的理念，并将其概括浓缩具体化，以年为周期单元，将一年的成就做成主题展览，这就有了"一公里"企业年度展。它也就成了企业符号美学的典型案例和响当当的符号。语言符号最简单的一种方式，莫不过是图形化或图像化，直观地表达，直接、生动、有力。全国最大沙漠生态光伏发电站——达拉特旗光伏发电，用光伏板在库布齐大漠中绘制出巨幅"骏马图"，项目治沙 1.2 万亩，年发电量为 6.1 亿度左右，每年可减排 CO_2 50 万吨，成为国家电投集团继在青海荒漠戈壁养殖"光伏羊"[①]后的又一经典符号。企业美学的背后是价值追求的直接表达，是企业经营哲学的美学展现。企业价值追求通过符号美学的转译和再次阐释，本质上浸透了人类情感和精神的"表现性形式"，终极目标在于表达人的生命情感，体现人的本质力量。

[①] "光伏羊"是国家电投集团在青海区域内建设光伏园区，光伏板减少了地面水量蒸发，清洗光伏版的水分增加了地表水含量，由此光伏板下的土地长出青草，把当地牧民的羊引入光伏园区，解决了杂草影响光伏发电效率问题，也帮助当地牧羊人摆脱贫困。媒体把吃光伏园区内的草长大的羊称为"光伏羊"。

符号美学带动产品的升级换代、满足市场需求，通过语言转译，为企业文化落地生根提供新的视角和方法。维特根斯坦说，"记号是对象的代表。"企业文化发出有力的声音，其表达一定有鲜明的企业自身特征，深入挖掘其中蕴涵的魅力和精髓，以符号化来链接企业内外和中西文明。过去几年，新生红旗汽车产品重回主流的巨幅反转，核心是从红旗 H5 到红旗 E-HS9，在"中国红旗"的核心战略下，设计越来越偏向年轻化、数字化、智能化，而且快速、全方位地实现年轻化，80、90 后红旗车主群体已超过 70%，买红旗、开国车成为"国潮"的新标签。突出红旗品牌独有的年轻态度，新红旗屡屡"出圈"，与运动品牌李宁、中国女排、故宫、马拉松赛事、亚洲大学生联赛等大 IP 联手打造新形象，以抖音、微信、短视频、互动 H5、牵手电竞等新渠道突破"次元壁"，离年轻消费者再近一些。当然，新红旗品牌战略的背后，是在设计、研发、生产、品质、前瞻技术、服务、生态出行等各方面的快速成长。由此，老"红旗"才能生长为"新红旗"——一个年轻化的中国豪华品牌，一个品牌符号的蜕化与重生。《万家灯火 南网情深》短短 30 秒的宣传片，看见美、情怀的同时，员工也看见自己，更看见镜头无法定格不停流逝的自然资源，节能、环保不是口号，而是一种生活态度。因为好的传统作品中，必有永恒的因素。徐冰视汉字为符号，省减变化，将其推进到极致的表现，提供了一种文化反思的方式，他的新书《徐冰：思想与方法》是一个集成。从 1987 年的《天书》到 1993 年的《英文方块字书法》（简称《艺术为人民》）、1999 年的《文字写生》，再到 2006 年开始试验的《地书》，他创造一种如植物般生长蔓延的深植于"文字系统"之中的当代艺术。文字是人类文化的根，对文字的改造是对人思维最本质的那一部分的改造。他不同时期作品都以汉字这一符号阐释同一内核，即文化与人、传统与现在、东方与西方、真实与表象的关系。

符号美学寄托于文化性，这种文化性如果脱离在地性，就会失去协调的美感。符号美学是人的心理、社会发展、技术文化及自然环境等多方面相互作用形成的一种特质。符号美学林林总总，有的侧重艺术符号，有的侧重建筑符号，有的侧重自然符号，共同特点是抽象性、指代性、独特性及非常强的辨识性。符号的隐喻表现在用环境空间中色彩与材质的语言，表达超越环境本身的人文含义。建筑是文化的容器。企业建筑是企业文化形象表达与载体，是一个企业物质对象的文化精神体现。企业文化特征不仅体现在标识及文字制度上，也体现在对建筑理念与建筑色彩的选择、把控上。国核电力设计院的建筑布局，融入中国文字独有的"凹凸"符号特征，用建筑物隐喻现代性企业的转变。建筑的"方"型构架中，多重文化元素相互融合，古典雅韵与现代动感和谐相处，折射"以人为本"的建筑理念。建筑立面对应企业文化的内在结构，用企业性格色彩中国红和能量橙为主，穿插北京城市色——灰色，打造和而不同的视觉之美，建筑与环境构成的装置艺术，使企业文化达到内外的高度统一。办公环境空间是文化深层结构的外在表现形式，属于企业文化的符号系统。在对企业文化充分梳理、解析基础上，确定设计语言的方向，把地域文化、城市质感、品牌形象和企业文化融为一体，实现室内空间与企业建筑无缝衔接，营造出人性化、个性化、功能化相统一的人文环境，呈现抽象的统一的符号意象——个性、内敛、传承、现代，由此产生企业精神性的诉求。

格尔茨[①] 指出，"文化是一种通过符号在历史上代代相传的意义模式，它将传承的观念表现于象征形式之中。"企业文化叙事是员工、事件、建筑、空间场所、意境与时间的有机组合。以企业文化为核心的符号美学，是企业形象建构的原动力。数字社会条件下的符号美学建构，归根结底，落地生根企业文化是它的历史使命。

[①] 克利福德·格尔茨（Clifford Geertz，1926—2006），美国人类学家，解释人类学的提出者，其代表作品《文化的诠释》。

巨大的悲伤

LOGO 美学

平滑是数字社会的标签。同质化的恐怖席卷当今世界各个领域，审美趋同成为我们的一大病症。愈发强大的互联网快速复制能力，使得信息不再是具有启发性的，而是扭曲变形的。LOGO[①] 美学更多是光滑的"欢愉"，如同杰夫·昆斯雕塑作品《郁金香（Tulips）》镜子般的光滑，能映出每个人的身影。LOGO 美学不再有任何阻力，不再与受众沟通，而仅仅注重视觉图像的功能性。人们追求直观快捷的美学传达方式，简洁地表达自己的目的，与消费群体产生某种关联的"美"。

韩炳哲说，全球化使一切都变得相同，他打造了一个同质化的世界[②]。他者的消失，触发了独立思考能力的缺失，美在这样的境遇下缺少个性，变得趋同，没有差异，成了随意和舒适的代

① LOGO是英文LOGOtype的缩写，意为徽标或者商标，具有对徽标拥有公司的识别和推广的作用。

② 韩炳哲.他者的消失[M].北京：中信出版集团，2019：7.

名词。这种完全的同质化的审美表现，使我们处于美的危机中，导致 LOGO 美学无法构建意义，丧失审美的个性，无法令人兴奋和情动，更无暇酝酿时间与空间的累积，趋同的"点赞"换来的只是昙花一现的云烟。

拼凑 ┃ 抄袭是最快捷的方法，设计师摇身一变成为 LOGO 美学的"裁缝"，忘掉最为难能可贵的 1% 原创精神。2016 年滴滴打车发布 LOGO 一度成为热门话题，它与印度孟买口腔护理保健中心 LOGO 几乎一样，小米 LOGO 与国内老牌浏览器"傲游"LOGO 如出一辙，WPS 最新 LOGO 和伦敦著名设计机构 Movingbrand 设计的作品在造型上如孪生兄弟。LOGO 的"克隆"在世界随时随地蔓延，有恃无恐。更为可悲的是，在 LOGO 美学的构建过程中，大数据让思考变得多余，人们放弃思考或不愿意思考，沿着"惯性思维"和经验主义的老路，一路随波逐流、鱼贯而行。

在唾手可得的信息和知识背后，我们失去对 LOGO 美学的距离感、陌生感和敬畏心，最终失去对自身的深刻认识，LOGO 美学彻底被平滑消费。乔布斯在个人传记中说，"好的设计师模仿，伟大的设计师偷窃"[①]。这是今天透明社会的本质反映。随着数字技术和计算工具的进步，Photoshop、Flash firework、Dreamweaver、CorelDRAW、Illustrator 大量制图设计软件层出不穷，可以无尽地重复，数字化的无差别性消除了切近与疏远的所有表现形式，中性、违和的色彩和造型让视觉感到疲惫和无奈，LOGO 美学在数字媒体传播中失语，我们无法从美中获得快感和满足。

胡安·米罗[②] 说，艺术的进步需要对它"狠狠一击"。LOGO 作为企业出现频率最高的美学标志和语言符号，需要它给予企业美学觉醒"狠狠一击"，将完整的企业价值观念贯穿于 LOGO 美学的每一寸肌肤，让视觉的饱满冲击和精神的颗粒质感，引发员工的凝视、沉思和创造。LOGO 美学是一种饱含企业美学经验质感的艺术实践，实现企业价值创造的延伸和扩展。LOGO 美学一定是原创的，一定是全新的而不是复制的，是打破同质化的纯粹个性表达，是在用好

① 乔布斯.史蒂夫·乔布斯传[M].北京：中信出版集团，2011.

② 胡安·米罗（Juan Miró，1893—1983），西班牙画家、雕塑家、陶艺家、版画家，超现实主义的代表人物，其代表作品《哈利坤的狂欢》《犬吠月》《人投鸟一石子》等。

平滑美学之余，结束与同者的随波逐流。

色彩作为感知情绪和能量的入口，能直接表达细微的感情，是企业员工感知 LOGO 美学直接的媒介和语言。LOGO 美学在色彩上有足够的冲击，才能缔造他者，形成否定性，产生记忆的轰动。这种思考源于企业内生的文化沉淀和逻辑，生发出属于企业自身且贴切的色彩语言，进而打破惯性色彩思维的束缚。单色、复色亦是补色无关紧要，一定是与企业价值观相符的独一无二的色彩表达，是从企业价值理念体系中萃取的颜色。

玛利翁说，声音是听得见的色彩，色彩是看得见的声音。这种超越时空的美学观念在电影《天使爱美丽》得以诠释，除了导演杰让·皮埃尔·热内 [①] 的故事引人入胜，电影自始至终用色彩关系表达强烈的情感冲撞。整部电影将红色与绿色这两个撞色并置，辅助叙事节奏的跌宕，通过色彩的对比传达人物内心的波澜，观者在激动和狂喜中度过美丽的两小时，将印象主义色彩

① 让·皮埃尔·热内(1953年9月）法国电影导演、编剧、制片人，2001年执导剧情片《天使爱美丽》。

与构成主义色彩两种差异化的颜色进行一次完美的统一，成就了让·皮埃尔·热内最忠实的自我表达。LOGO 美学赋予企业精神内核，与企业发展的生命年轮一脉相承，展现企业核心价值观对应的原色。国家电投集团"绿动未来"[①]LOGO，由红色和绿色两个补色组合而成，下旋的红色和上旋的绿色形成强烈视觉反差，红上与绿下的置位，符合色彩在自然中的视觉比重，将两种"势不两立"的色彩，化为恰到好处的企业美学语言，是设计者前所未有的一次大胆突破。红色象征国家电投能源行业的基本特征和国家使命，绿色代表绿色智慧创新发展的愿景，两者对立统一，相和相生。此时此刻，LOGO 美学的色彩语言不再是无序的堆积和平滑的交流，而是对他者的救赎。目光在精神的多重层面上再次聚拢，无声的色彩感召中，内心流淌着波澜壮阔，开启了员工遇见企业的首次肌肤相触。

[①] 2016年7月15日国家电力投资集团有限公司对外正式发布企业品牌标识"绿动未来"LOGO，由东道品牌创意集团设计。

　　LOGO 美学为 LOGO 注入了联想。咬掉一口的苹果，采用黄金分割比例方式，注入更多美学含义和科学精神，看似简单的图案背后是科学的思考，唤起人们对产品的记忆和思绪。2008 年北京奥运会会徽 8 月 3 日公布后，正反意见冲突十分激烈，有人看到古朴典雅、舞动的人形、民族文化和奥运精神的融合，有人又觉得是民族精神的失语。北京申奥标志设计师陈绍华直言对"中国印"的失望，他说"我为我们又一次失去了展现中国文化乃至东方文化魅力的大好机会感到遗憾，我为因某种力量或者陋习阻碍了文化的进步感到痛心。"有些人认为，北京奥运会 LOGO 是对中国文化的集中表达，融合了太极拳造型、金石篆刻、奥运五环、中国结元素于一身，通过文化在图形上的代入，让申奥 LOGO 进入新的审美时代。韩炳哲说，"美本身虽然不能形成认知，却滋养了认知的本能。"看到 LOGO 带给人们的美感，员工也会从中获得满足和价值，与会呼吸的企业美学共鸣。

　　LOGO 美学之美是独立的，既遵循"平滑"的审美原则，又寻找对于他者的否定，是对企业审美价值的淬炼与提纯。企业 LOGO 对于员工而言，是令人愉悦和可以交流的，成为我们企业美学中视觉感官核心的识别符号。LOGO 美学不断聚焦，最终浓缩成一个点，将企业的万千精彩于一身，无疑"这种聚集为一 (das Eine)"是美的，将企业价值理念包括核心价值观充实并赋予自身，画龙点睛，使其作为真理存在。海德格尔将美明确理解为一种超越审美愉悦的真理现象："当真理置于作品时，存在的真理才会出现。作品中真理的存在形式亦即作品，所呈现出的才是美"①。当我们看到美并忽视美的形态时，我们才能看到美的本身。傅拥军的作品《西湖边上的一棵树》②，照片主角是一棵长在西湖岸边的桃树，树的两旁是公园常见的长椅，前面就是西湖。一年四季，桃树、长椅、西湖是不变的背景，而匆匆经过的各色行人演绎着变幻的生活，桃树成为整个作品的 LOGO，连接时间与空间，是一个纯粹的美学符号。表面拍的是西湖，实则是人与自然、人与社会，是人心灵深处与自

① 韩炳哲.美的救赎[M].北京：中信出版集团，2019：104.

② 傅拥军，生于浙江龙游人，中国摄影家协会新闻纪实专业委员，曾任浙江传媒学院专任教师，两次世界新闻摄影比赛（荷赛）奖得者（第52届和第56届）。

然、社会的对话，镜头后面是心的感悟和体会，观者感受的是时间的质感，是无限放大人生的哲思。LOGO美学让我们产生完全不一样的感觉，将桃树与人生对等。韩炳哲说，"一种新的真理将存在者置于完全不同的光亮之中，并且改变了我们与世界的关系，改变了我们对现实的理解"①。纪实摄影《马甸桥十七点》②，用 365 天时间，以固定的角度和时间，记录北京马甸桥 17 点 30 分的影像，描绘出一座城市的万千表情和酸甜苦辣。不变的是交错反复的立交桥、高楼、公园、天空和北京的西山，变的是霭霭雾霾的浓淡和匆匆行驶的车流熙攘，马甸桥成为这件作品的 LOGO，成为连接企业价值和社会发展、人与自然关系的语言符号。365 张画面讲述人与自然、企业与社会存在的意义和价值，叙述一座城市的喜怒哀乐，发出一个企业存在根本理由的设问。此刻，企业使命被马甸桥 LOGO 贯穿整个时空，反复强化，连续放大，企业使命的真理表征在时空场域绕梁三匝，回音绵延不绝。美作为真

① 韩炳哲.美的救赎[M].北京：中信出版集团，2019：104.

② 《马甸桥17点》由荆玉成、蒋昊宸、蔡文娟创作于2012至2013年间。

理事件具有生成性、创造性，甚至某种诗性，只因隐藏在现象的背后而不可见。此时，LOGO 美学聚焦、放大、重复，在时间和空间中徐徐展开，作为一个隐喻，真理的光芒得以绽放。

吉迪恩[①]认为现代建筑就是将爱因斯坦式的时间与空间转换运用到建筑中。LOGO 美学是一个审美外在时间和内在时间体验的完整过程。外在时间的审美体验来自于一天的 24 小时，用钟表衡量客观的物理时间；内在时间是心理感知到的主观感觉时间。个人修为、所处环境、心态心情不同，对时间的感知也不同。我们在 798 尤伦斯（UCCA）看《沉静的响雷》的畅怀愉悦，和站在阴雨绵绵街头打不到出租车的焦躁郁闷，两种状态下所感知到的审美实践截然不同。LOGO 美学将时间与空间界限的贯通，在合适的时间点给予合适的助力推动，体验的感受也会随时间而改变，时间影响企业员工与审美交互体验的方方面面。可口可乐品牌一直都是红白相间，

① 希格弗莱德·吉迪恩（1888—1968），现代主义的先驱，二十世纪最著名的建筑理论家、历史学家之一，曾任哈佛大学设计研究生院院长，曾于瑞士苏黎世大学执教艺术史，代表作品《空间·时间·建筑》。

字体一直是可口可乐英文，这样的 LOGO 美学经过百年重复，就算色彩粉碎后仅仅露出红色字母的一角，LOGO 之美也会穿越时间和空间的束缚，瞬间在可乐死忠粉心里擦出火花，直击味蕾。

马萨尔·普鲁斯特[①] 说，时间如何在我们一生中逝去，时间如何改变我们，我们又如何能把时间留住。两者提供了时间的标志，以它独有的美感展现时间的流逝，未把时间定义到一个明确的刻度。LOGO 美学中没有日期和时间标志，有的是内心的体验、记忆和时代烙印，这是美的深邃和多维度。会让你回忆起一种场域，一种体验，或是一种情怀，LOGO 美学曾在这种气氛中对你微笑，伸出双臂紧紧拥抱你。就如普鲁斯特书中那种回忆的美，你会感到意外，因为它突然产生，给人一种意想不到的惊喜。原研哉说，黑白是一种对立矛盾[②]。此时，最具视觉侵略性的是黑白之间的冲突，也是工业时代对 LOGO 美学的时间表达。1901 年，壳牌（Shell）的 LOGO

① 马塞尔·普鲁斯特（Marcel Proust, 1871—1922）是 20 世纪法国最伟大的小说家之一，意识流文学的先驱与大师，其代表作品《追忆逝水年华》。

② 原研哉.白[M].北京：广西师范大学出版社，2012.

以一个非常写实的黑白色贝壳作为企业的 LOGO，造型源于壳牌运输公司董事——格拉汉姆家族盔甲上的西班牙圣詹姆士贝壳形象，是家族精神的传承象征。1995 年，壳牌以明亮且具有亲和力的红黄两色搭配示人，成就了今天世界经典企业标识。在近 100 年的时光里，壳牌 LOGO 经历了 10 多次设计变化，由最初的黑白转化为夺目彩色，LOGO 每一次的改动，都以壳牌企业美学视觉一致性和传达统一的品牌价值为根本，从未动摇。消费市场发生根本性的商业转变，个体审美意识的觉醒，人们对 LOGO 审美更多的思考，造型从繁杂到简约，从图形转为文字，从单一色变成复合色。今天，壳牌（Shell）在使用稳定的外形和独特颜色的情况下，统一的标识以任何尺寸出现在各种媒介，不论是缝在员工的帽子上，画在游轮上，还是出现在网页、推特等各类大小图标，都在不断重复强化企业的价值追求和美学象征。一件经典的 LOGO 能在人们心中形成完整而绵长的气质，这得益于它经历了一场时间和空间的漫长旅行，持续不断地传播放大了它所秉持的美学价值，让它更具辨识度，打破次元的壁垒，成为唯一的存在。

艺术创作中，有重复而无变化，作品必然单调枯燥；有变化而无重复，容易陷于散漫零乱。国家电投集团"一公里"企业年度展 LOGO，由书法和英文结合而成。这个标识基于企业本身的特点，源于展览的主题，生发于展览本身，表达企业价值的外延。在整个展览的每一个外在空间和内在时间都充满着"一公里"LOGO，一场展览下来，以不同的大小和方式出现上千次，在空间里的反复强化，形成理性的外在空间。在企业美学的场域中，每一件产品的展示，你不经意的回眸，都能真切体会到 LOGO 美学的存在，透过一根线条的弧度，一抹色彩的余晖，一个局部的造型，感受 LOGO 美学的质感和价值观念的锐度。借助 LOGO 美学，穿越空间、时间、产品、文化、情感进行价值理念的背书，形成企业主品牌形象和企业产品、技术、服务、人文之间的逻辑关系，"一公里"企业年度展 LOGO 在空间里独立而不趋同，在真诚、理性和创造中，释放出一种放大了的企业美学体验，时空尤其空间成为体验的核心。

　　LOGO 美学是一个生成系统和生命整体。从色彩、造型、视觉、感知到内心，在企业美学场域中不断生发，归根结底它是一个美学生成系统，爱神厄洛斯（Eros）说要"在美中生育"（tokos en kalo）[①]。当你看到美的时候，爱神厄洛斯便会唤醒灵魂中的生殖力，这是希腊神话原初故事。LOGO 美学所产生的意识、观念和价值，就像中央大道广场上高低不平的铺路石，是一种现实存在的色彩和形状，或是浸在牛奶中的提拉米苏，这些都属于时空生活中的每一个瞬间，真实而又充满滋味，每时每刻都在郁郁葱葱生长。

① 这里的生育不仅指身体上的繁殖，更是指灵魂上的继承。

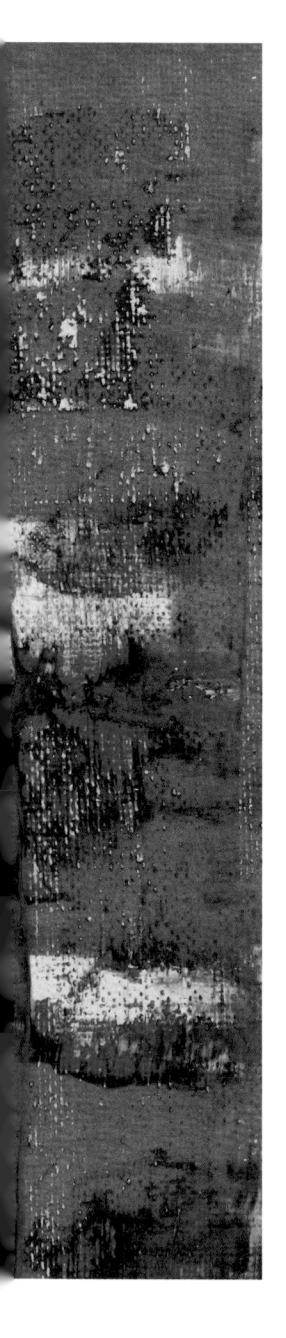

与美的距离

审美的觉醒

价值美学

模块美学

平滑美学

场域美学

符号美学

「ＬＯＧＯ」美学

色彩美学

设计美学

记忆美学

环境美学

美学目视化

无知与暴力

移植、嫁接和拿来主义

色彩美学

韩炳哲说，"在一个匮乏的时代，人们专注于吸收和同化。而在过剩的时代，问题是如何排斥和拒绝"①。今天，世界向过剩和肯定性发展，色彩管理与应用的数字化，导致色彩的无限性，色彩充斥生产、生活的所有领域和时空，让你毋庸置疑，没有选择和申辩余地，因此也无法辨别，于是色彩演变成暴力。

① 韩炳哲.倦怠社会[M].北京：中信出版集团，2019: 9.

数字技术改变了人类的生产结构和社会结构，包括我们的文化土壤，最直接改变的是时间时序、空间时序、供求时序、读写时序、学习时序和选择时序。其中，一个重要变量是读写关系发生了逆转，由千百年来形成的读书、写字为主体的学习记录系统，一个文化传承体系，改写成观看、听读为主的学习记录系统，包括智能读写、语音转译、双语互译等。核心是视觉文化占据了生活的主要空间，我们的阅读行为由基于印刷文本转为基于视觉文本，文字的传统阐释功能和表现功能逐渐被图片、影像等图像因素排斥挤压，"图像不断地驾驭、凌越乃至征服文字"。一张老照片记录着，20世纪20年代的列车上，人人都在认真读报纸，而今天北京地铁上人人都在认真刷手机。

这种读写时序的改变，标志着人类的文化载体由以语言为中心转变为以图像为中心，也"意味人类思维范式的一种转换。"从阅读的出发点、行为和功能到写作的思维、方式和目的，都发生着细微、深刻、根本性的转变。罗阳富认为[①]，阅读动机由崇高向娱乐转移，阅读行为由对话转向听话、由对白转向独白，阅读功能体现为创造性、想象力及思考力的被消解。简单明确，直接生动，接近真相，这些特点让图像与人的认知模式相契合，人们从内心更愿意接受图像，而不是语言文字。人类的普遍经验是，婴幼儿阅读的第一本书一定是图画书。来北京30多年，忆起故乡仍是一幅色彩鲜亮的春天画面：木谷鸟一声接一声由东北向西南飞去，

① 罗阳富.试论视觉文化时代读写行为的转变[J].贵州师范大学学报（社会科学版），2005. 1: 102.

掠过东北一个小村庄的天空，我的目光紧随其后，在蓝天白云间徘徊，直到它消失在远方。木谷鸟的体温、气息、声音，蓝天、白云的映衬，像一卷一卷无边无际的色彩绸缎，在我记忆深处偶尔缓慢铺展开来。丹·罗姆总结，不同媒介人们记忆的深度是完全不同的：经由图像可以记住80%，透过文字是20%，听觉只记住10%。人类天性也就是认知模式的内在驱动，在数字技术的加持下，获得图像变得轻而易举，两者的唱和呼应，读写时序逆转成为顺理成章、势不可挡。

我们从手机等智能终端获得的以图像为主体的信息，抽象和结构化后，本质是色阶的无限累加而形成的色彩。说人们喜欢阅读图像，还不如说人们喜欢阅读色彩。我们眼睛感受的或者习惯认知的第一反应是图像，而数字图像轻而易举和无限复制，造成一种司空见惯，以为你喜欢看的和你看到的就是图像。难道我们看到的就是图像吗？图像的背后是色彩，色彩构成了图像。色彩是图像的砖瓦、钢筋和水泥，是构成图像的基础材料和基本要素。一定意义上说，色彩就是图像本身，色彩就是世界。半个世纪前，法国艺术家伊夫·克莱因[①]在米兰画展上，展出八幅同样大小、涂满近似群青色颜料的画板，这就是著名的"国际克莱因蓝"。深邃、纯洁、天空、海洋……引发了人们的无限遐想，一种蓝色，从那一刻开始，摇身一变成为艺术本身。色彩就是图像。从这个视角看，与其说人们喜欢图像，还不如说喜欢色彩。克莱因认为，最简单的色彩能勾起最强烈的心灵感应。

时间、空间、选择等时序改变，带来人们价值、观念和思维的转变，这是读写时序逆转的另一个人的自身因素。读写时序的转变，技术和工具是诱因，通过认知模式内因的驱动，过程中带给人们新的观念和思维，产生工具理性。美国极简主义画家罗伯特·雷曼[②]，以白色为主色调的画作闻名于世，他的"白上白"从诞生那天开始就是一种"形式"。白不仅是色彩，还是一种艺术形式，一种艺术语言。人的

① 伊夫·克莱因（Yves Klein，1928—1962），是20世纪后半叶对世界艺术贡献最大的四位艺术家之一，与安迪·沃霍尔、杜尚和博伊斯并称，他创造的克莱因蓝具有唯一性，其RGB色值对应的三个值分别表示红、绿、蓝，具体色值是0：47：167。

② 罗伯特·雷曼（Robert Ryman，1930—），在西方艺术界，他被视作单色画、极简主义和观念主义艺术的重要人物，白色的抽象画是其最具代表性的作品，绘制于1961年的《无题》便是其中之一。

认知和思维范式的改变，作为内在驱动力量，加速了图像统治时代的到来，也意味着加速了色彩暴力时代的到来。安尼施·卡普尔[1]带有极简主义色彩的大型装置作品，无论是《献给亲爱太阳的交响曲》《远行》，还是《我的红色家乡》，他创作的媒介永远是红色蜡块、不锈钢反光

[1] 安尼施·卡普尔（Anish Kapoor，1954—），生于印度孟买，是一名印度裔英国艺术家。

镜、粉末，而作品永远是铺天盖地大面积、大体积的红色，首先红色占据了观者的视野。在卡普尔的印象里，红色是家乡的颜色，也是万物源起，是发自内心的东西、是肉体、是血液、是五脏六腑。卡普尔说，"红色是一种让我感受强烈的颜色。也许因为红色是一个非常印度的颜色，我生长的环境充满红色，之后我又在另一个层面重新认识它。"色彩在图像中处于天然的主导地位，而今天图像在人的记忆中跃升为主体，这两者的叠加，色彩在人的记忆中也就自然而然地处于主导地位。所谓图像统治时代，本质是色彩统治时代，即"色彩暴力"。

心理学家认为，人的第一感觉是视觉，而对视觉

影响最大的则是色彩。人的行为大多情况下容易受情绪的支配，看到与源于大自然先天色彩相一致的色彩，就会联想到与这些自然物相关的感觉体验。这是最原始的影响，相对其他视觉元素，它更深刻、更真实。法国符号历史学家米歇尔·帕斯图罗，用半个世纪来研究色彩的历史，为色彩立传。他说，"色彩的历史首先就是社会的历史。"色彩的历史，实际是人作为主体成长发展的历史。社会造就了色彩，社会规定了色彩的定义及其象征意义，社会确定了色彩的规则和用途，社会形成了有关色彩的惯例和禁忌，所有这一切都归结为文化、色彩文化，堆积到人的身上，人的价值和观念上。为迎接东京奥运会的到来，Nike2021 年夏推出 Rawdacious 系列产品，用色彩诠释体育运动的魅力。Rawdacious 系列以白色为主色调，融合温暖的辅助色系，致敬这场因全球疫情而推迟召开的体育盛会，象征着人们以运动之名重聚一堂的盛况，也预示着一个全新的开始。色彩从个体的感知体悟中，慢慢演变成集体价值，直至社会语言符号和色彩价值体系，最终形成色彩文化，规定着人的观念和行为。从 19 世纪末到今天，在欧洲国家进行的关于你最喜爱色彩的调查中，色彩的排位一直没有改变过，从 1890 年到 2010 年的四次调查都是如此：蓝色是 40%~50%，一直遥遥领先；然后是绿色，占 15%~20%；第三是红色，大约是 12%~15%；白色、黑色和黄色远远落后，各自只占到 3%~6%。粉色、橙色、灰色、紫色、棕色则沦为第二梯队，占据的份额已微不足道[①]。这说明，在近一个多世纪以来，每一种色彩在欧洲人观念中含义是比较明确稳固的，或者说每一种色彩的社会含义没有发生大的变化。比如与绿色相联系的概念中，健康、自由和希望这三个词一直都是最重要的，成为绿色在现代社会中最主要的符号象征。

① 米歇尔·帕斯图罗.色彩列传：绿色[M].北京：生活·读书·新知三联书店，2016：275-277.他的色彩列传包括蓝色、黑色、绿色、红色和黄色。

　　色彩作为企业文化建设的重要元素，是一个最具大众化的媒介，存在符号、场域、价值、色彩、LOGO、设计、记忆、环境等企业美学领域中，就如空气、阳光和水对于人那样重要，不可或缺，但又如此司空见惯和普普通通。东道品牌创意集团 ① 的企业宣传册，封面大面积地使用单一的企业色彩，宣传册分四个主题设计成四本，分别用红、黄、蓝、白色彩始终对应，独特的大尺寸廾本和 uv 凸凹印刷，色彩视觉简洁、大方、强烈，价值传播直观、明了、有力。无独有偶，第一届"国家电投好故事"品读会主视觉，大面积的红色和绿色占满了整个画面，强烈的视觉冲击和对撞中，两种互补色彩在对撞中构成视觉均衡，一种酣畅淋漓的美感和平衡感跃然纸上。色彩是美的最基本表现形式和符号语言，它作为企业美学最基础的模块单元和载体工具，须臾不能离开，无法缺位缺席。色彩既是将军，又是战士。

过量信息让人身心疲惫，精神世界被数字霸凌，生命呈现出窒息的灰色，色彩此时显得弥足珍贵，它阻隔、缓解了信息的绑架，犹如一味良药，给内心带来他者的惊喜和欢愉，带来生命中最原始的情感涌动。

① 东道品牌创意集团有限公司于1997年成立，总部在北京，是全球最大品牌战略咨询和设计公司之一，曾为2014年APEC峰会、2016杭州G20峰会等多个国家重大项目进行品牌创意设计，担任北京2022年冬奥会和冬残奥会官方品牌设计服务独家供应商。

原田玲仁[①]说，"色彩可以使人的时间感发生混淆，这是它的众多魔力之一。人看着红色，会感觉时间比实际时间长，而看着蓝色只感觉时间比实际时间短。"有人通过实验，对颜色与重量感进行研究，发现黑色的箱子比白色的箱子要重1.8倍；即使是相同的颜色，明度低的比明度高的感觉要重，就像红色物体比粉红色物体看上去更重；饱和度低的颜色也比饱和度高的颜色感觉更重，同样是红色系，栗色感觉就比大红色更重些。生活中，天花板会采用明快的颜色，然后从墙面到床再到地板，采用逐渐加深的色彩，制造出一种稳定感。色彩在生命中，重新丈量了我们的物理和精神上的时间和空间，让那个时空温暖而富有弹性。

歌德说，色彩是光的行动。有行动就有痛苦，所以说色彩是有情感的[②]。当赤橙黄绿青蓝紫七色被牛顿发现，并应用于日常生活时，色彩就逐渐演变成一门独立的科学——色彩学，涉及物理光学、化学、

[①] 原田玲仁，日本作家，喜欢标新立异、与众不同。2003年创立了"木瓜制造"的企划制作事务所。其代表作品《每天懂一点好玩心理学》《每天懂一点色彩心理学》等。

[②] 歌德，《论色彩学中》，1810年著。歌德认为，颜色不仅仅是一种色彩，并且对人的精神有影响。

生理学、心理学、美学等。心理学家伊娃盖勒在"彩色心理学"中，又进一步研究色彩与人类情绪、情感、思维之间的关系。《红色沙漠》[1]影片色彩由红、黄、灰、蓝组成，整部电影充满着让人心神不安的绚烂红色，既是写实的，又是心理的、幻觉的象征；黄色是工厂烟囱冒出的烟雾，象征人类被破坏的生活环境；蓝色阴郁冰冷的色调，隐喻人与人之间的隔膜和冷淡。导演以色彩美学为武器，有意识地在表达自己的价值观。昆汀[2]《杀死比尔》的黄色系海报和服饰，以最直接的色彩暴力，预示角色内心的狂野明亮和动作场面的血腥刺激。色彩在电影中预示着剧情转折，给予剧情线索，区隔时空变化。

　　韩炳哲说，"一个东西，只是因为许多人同时渴望得到它，便被赋予了一种价值"[3]。色彩美学的研究与实践，是建立在对目标对象乃至它所在文化环境中的特征、性状、功能等基础上，作出的一种价值选择。国旗的色彩、图案，突

① 安东尼奥尼,意大利导演、编剧、剪辑,1964年执导个人第一部彩色电影《红色沙漠》,获第29届威尼斯国际电影节主竞赛单元金狮奖。

② 昆汀·塔伦蒂诺,导演、编剧、演员、制作人,代表作《低俗小说》《杀死比尔》《罪恶之城》等。

③ 韩炳哲.暴力拓扑学[M].北京:中信出版集团,2019.

显的是国家的气质，反映一国的历史、经济、政治和文化精神。2021 年东京奥运会开幕式色彩设计，凸显各个国家、民族传统和盛大节日，各个参赛国运动员看到本国色彩时，会情不自禁地联想自己的祖国和家人，两者之间产生情感共鸣。色彩美学将企业本质属性、价值追求等抽象元素萃取出来，用最纯粹、最专一的色彩，直接反映企业价值追求。国家核电技术有限公司 2007 年春，在全球征集企业 LOGO 中选定"六合之花"，从中抽离出中国红、创想黄、能量橙、科技蓝四种色彩，组合形成国家核电的企业性格色彩。其中，中国红取自"六合之花"外延最深沉的红色，代表企业使命；能量橙取自"六合之花"渐变色中的橙色，代表了能源行业属性；创想黄取自"六合之花"内环最响亮的黄色，代表了企业创新的活力；科技蓝源于标识的字体色彩，代表了永恒、真理、科学，意味着高新技术企业的定位。企业性格色彩与企业属性、价值追求等建立的这种内在对应关系，直接从色彩转换成感情，转换成独有的价值符号。华能集团的"三色"文化 ① 具有特定的思想内涵：为中国特色社会主义服务的"红色"公司，注重科技、保护环境的"绿色"公司，坚持与时俱进、学习创新、面向世界的"蓝色"公司。华能集团根据色彩的象征意义，对企业性质进行视觉展示，是对企业精神的概括和延续，蕴涵着价值理想和精神诉求。色彩美学承载企业理念和价值追求，构成企业品牌形象的完整展示体系，成为员工企业文化认同的重要视觉传达方式。

① 中国华能集团公司是中央直接管理的五大发电集团之一，在20多年的发展历程中，坚持继承和创新相结合，积淀了丰厚的文化底蕴，逐步形成了具有先进性、时代性和包容性的"三色文化"体系。

　　今天日常生活的切身感受是，无时无刻不被图像和色彩包围，电视、电脑、显示屏、手机和摄像头陪伴左右，每个人成为镜头、图像和色彩的猎物，我们被海量的色彩信息霸凌。就如非洲大自然中的一只野生动物，身处蛮荒草原，存在着多重任务，注意力被分散、稀释。一只进食的狮子，必须阻止附近靠近自己猎物的鬣狗，还要确保自己进食时不被袭击或吃掉，同时还要守护自己的幼崽和伴侣。它不能专心、沉浸于任何活动之中，无论是进食或者休息。这就是韩炳哲所说的"超注意力（Hyperaufmerksamkeit）"，这种涣散的注意力，体现为不断地在多个任务、信息来源和工作程序之间转换焦点①。洪水猛兽般泛滥的色彩，让人们无法专注，彼时彼刻色彩蒸发了所有的留白，色彩的时间和空间仅存在于平行宇宙之中，难以产生情感共鸣，我们无法从色彩中"呼吸""思考"和"反省"，以至忘却色彩给予我们的原始冲动和价值意义。

① 韩炳哲.倦怠社会[M].北京：中信出版集团，2019: 23.

　　我们心无旁骛的专注，才能在飘忽不定中筑巢，信息沉淀成知识和常识，有清晰的理性判断和个人主见。当我们在五光十色中发现一抹色彩，就如茫茫人海瞥见一个人，惊喜的同时是无限的专注。大面积堆积色彩，用色彩占满世界，以此产生感官刺激，把目光聚焦到一个点上。对于员工来说，强烈的色彩浸润，产生的是归属感和亲切感。2021 年 9 月 25 日晚，孟晚舟女士乘坐中国政府包机抵达深圳宝安机场，身着一袭红裙，用色彩表达着一种信念的力量和对祖国的思念，并发表感言"如果信念有颜色，那一定是中国红"。那一晚，几乎所有主流媒体都把镜头对准那一袭红裙，那一个画面，无数中国人都沉浸其中。因为色彩，因为专注，色彩成为情感最纯粹的表达和宣告。国家电投集团以"一公里"为题，举办企业年度展，全体员工集体回望一年来的成就，进一步折射企业经营哲学。形式以企业"绿动未来"LOGO 为色彩源，红、绿两种补色互为依从、相互碰撞，红绿色彩由外到内、再由内到外地循环呼吸，共同创造了一张企业色彩美学的场域织网，员工目光通过色彩来聚焦，构架起企业价值和情感表达的快捷通道。在这个展览中，氢能大巴车体装涂最初方案就缺少这点灵魂：惯常的蓝色系和氢元素符号为造型。同质化色彩摧毁他者的同时，也就失去了企业价值传导的力量。氢能大巴车体最终运用红、绿两种企业主色，配以辅助的产业色系，色彩在专注中自由呼吸，存储着员工和企业的记忆，最终找到了"我是谁"。色彩在铺张的豪放的节制中，形成一种色彩场域，紧紧攫住人的目光，色彩无疑就等于记忆和价值，色彩也就成了价值传播的忠实舵手。

塞尚①是沉思专注方面的大师，他曾表示能够观看到事物的芬芳。将气味转化为视觉印象，这需要一种深度的注意力，色彩美学无疑是产生深度注意力的关键要素。韩炳哲说，"只有深度专注力才能约束'飘忽不定的双眼'，由此产生一种'聚精会神'，在这种状态下，'自然那好动的双手安分地叠放在一起'"②。国家电投集团始终以中国红和梦想绿两种主色，用定制化的色彩美学温度，固定的色值，恰到好处的色彩配比，进行企业价值表达。其中展览展示方案明确：吊顶红色 25%，绿色 25%，白色 50%，消减吊顶颜色使主框架颜色平衡；主框架红色 10%~15%，绿色 10%~15%，红色 + 绿色 ≤ 30%，白色 70%；展板底色采用蓝色 50%，绿色 + 红色 =50%，字体反白；地面绿色 40%，白色 60%；前台红色 50%，绿色 50%。将企业的标识色作为对外展览台的主要色系，用在几个关键性部位设计表达，控制展示空间的色彩，突出红、绿两种色彩的冲撞，构建

① 保罗·塞尚（Paul Cézanne, 1839—1906），法国后印象主义画派画家，被称为"现代绘画之父"，其代表作品《圣维克多山》《缢死者之屋》《摩登奥林匹亚》等。

② 韩炳哲.倦怠社会[M].北京：中信出版集团，2019: 26.

与众不同的企业形象空间，让员工和公众记得住、忘不掉。

　　色彩表达人们细微的感情，并不只是单纯、独立地存在于自然之中。当人类用清晰的语言将其赋予内涵并定格，色彩便以人类内心感知和深切体会的方式，固化于文化之中。我们的观念中，色彩表层的感情对应，都有深刻文化内涵的涌动。这种独有的对应性，充满可比较物的否定性特点，让色彩在数字社会中格外耀眼。原研哉关于"白"的阐释，让你认识到"白"成了哲学、禅悟和设计理念：黑与白是一种对立矛盾；空与白是事物的两面，是同一维度的两个空间；色彩即哲学。原研哉说，白是一种特别不寻常的颜色，因为它也可被视为没有颜色。原研哉所说的"白"，这种能够"脱离颜色"的特性，"不仅白的质地能强有力地唤起物质的物理性，它还能包含'间'和'余白'这样的空间和时间感，或是'无存'和'零'这样的抽象概念"①。在目光的凝聚中，艺术让我们放空自己，忘掉尘世的一切，虽然这是

① 原研哉.白[M].桂林：广西师范大学出版社，2012：78.

非常短暂的。我们曾为上海核工程设计院创作《永远的蓝》，表明有 50 年历史的这个企业存在的终极理由。六米多长的画布是天空蓝，然后是一条白线纵贯整个画面，蓝与白两种色彩感和灵动的肌理感共同构成简洁画面，仿佛告诉世人：让天更蓝、云更白、山更青、水更绿。丹纳说，"艺术品的本质在于把一个对象的基本特征，至少是重要的特征，表现得越占主导地位越好，越鲜明越好"[1]。

① 丹纳.艺术哲学[M].杭州：浙江文艺出版，2012：156.

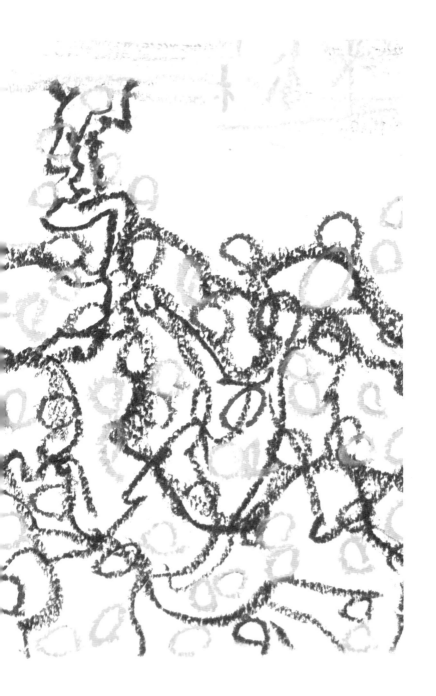

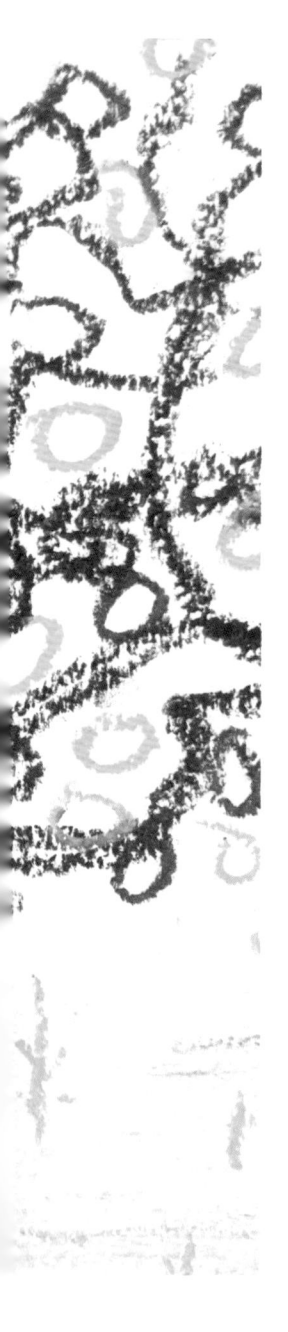

一棵枣树

设计美学

数字社会的本质是人类生产生活的数字化，数字化已成为人类存在的基本形式。作为人类认识世界的工具，统计学启蒙让位于大数据启蒙，"透明"成为第二次启蒙运动的口号，这是数字社会的鲜明特征。"数字是透明的媒介"。韩炳哲认为，"这种认识是一种统治认知（Herrschaftswissen），可以介入人的精神，对精神在前反思层面（prareflexiv）施加影响"[1]。大数据的思维和方法，对企业核心价值观等精神层面内容，进行人为的干预或强化。比如针对行业细分或某年龄段员工投放各自所需的内容，投其所好，强化价值观的认同和记忆。以往没有完整信息链和信息整合能力，信息基本处于孤岛状态，大数据让这一切成为可能。大数据全面获知生产经营、客户服务、员工劳动和社会交往的一切动态，成为十分有效的企业思想治理工具箱。"不仅物质生活需要设计，

[1] 韩炳哲.精神政治学[M].北京:中信出版集团, 2019: 16.

精神生活也需要进行设计"。人为的主动的对员工文化生活进行干预，或者将所有员工作为总域，实施思想、观念、价值上的主动干预，是企业设计美学的本真和内涵。[①] 世界上最大的哥特式教堂——米兰大教堂，大理石雕像六千多座，3159座位于建筑外部，其中2245尊是外侧雕

① 滕守尧，聂振斌等.知识经济时代的美学与设计[M].南京：南京出版社，2006.

刻，主题多为圣经故事等宗教题材，各种雕像千姿百态。教堂从1386年开始建设，跨越六个多世纪，来自意大利及欧洲各地的艺术家，一代人接着一代人倾注心血和智慧，保持雕塑的完整主题和风格。因此，现代设计的好坏，不再是物的伦理问题，而是生命哲学的高度问题。一切精神之美、人文之美，都可以或者必须人为地进行设计，将人的思想、观念、价值渗入其中，体现个人、组织或国家的主观意志。人为地主观建构，这是设计美学的灵魂。作为意识流小说的开山之作，《尤利西斯》将一个人的一天尽可能地拆解，也将一个人的精神世界彻底剖开。用乔伊斯的话说，它是一部关于两个民族的史诗，是一次周游人体器官的

旅行，是一个发生在一天之间的小故事，也是一种百科全书。有意思的是，书中并没有一个人叫尤利西斯，尤利西斯是古希腊史诗中的英雄，希腊文为奥德修斯，拉丁文是尤利西斯。乔伊斯采用了与《奥德修纪》情景相平行的结构，将主人公布卢姆在都柏林一天的活动，与尤利西斯的十年漂泊相比拟，用"反英雄"的手法，赋予平庸琐碎的现代生活更深的意义。荣格花了 3 年时间才读懂："《尤利西斯》或许触及了事物的本质，但更为确切的是，它反映了生活的一万个侧面，以及这一万个侧面的十万层色彩。"看似冗长荒唐的《尤利西斯》，实则精湛且准确地刻画了一个城市的人、时、地，在日常中发现人的本质意义。这一切的一切，都源于乔伊斯巧妙绝伦的构思和异想天开的精心设计，所以说乔伊斯是不能被读的——他只能被重读。

亚里士多德在《物理学》中认为万物缘起有四因：第一是物因，即形成物体的主要物质材料；第二是形式因，即物质被赋予的设计图案和形状，也就是符号表达；第三是动力因，即实现设计的动力来源；第四是目的因，即设计产品要表达的意义。设计美学实际是一种符号艺术，符号的背后是意义的存在，最为重要的是谁"在场"。亚里士多德说质料的时候，他更加关注的是物料背后的意义和目的因。当精神在场的时，物质质料就退居其次，质料就不重要了。北京外国语大学图书馆的设计中，含有六十国文字，成为一种符号存在，符号的质料不重要，重要的是其中蕴含的意义。这里，设计从物质层面跃升到精神层面，从功能、质料、形式跃升到价值创造和意义表达。

精神之美、人文之美通过主观的酝酿、思考和创造，将思考的成果或观念的结论作为缘起，进行逻辑构造和顶层设计，然后逐步实施和具体实现。米歇尔·福柯说，"我们必须像创造艺术品一样创造我们自己。"一个无形的看不到摸不着的思想观念，也就是人的意念、主观设想，比如一个观点、一个创意或者一个小小的美的构想，因为设计美学，变成一张员工生日贺卡、春节贺年片、活动海报、主题宣传招贴画，或者一部宣传片、一台娱乐晚会、一场沙龙、一个富有成效的大型会议，或者涉及全员的好声音大赛、思想大讨论、云上沙龙等一个个具体的项目或者工程。从人文和审美的视角，来思考、构架企业文化日常活动，我们从未停止过，也永远不会停止。企业设计美学一直都在，只是我们行走在企业意识的边缘，主观上没有清晰地意识到。

设计美学寻找企业内在需求、文化功能和社会间的接点，出发的始点是项目自身的定位，即我究竟要向哪里去，走向何方，实现什么样的追求和目标。"设计定要向社会发言"，这是设计的觉醒，更是数字社会人的觉醒。2008 年北京奥运会，将传统色彩观与色彩心理学、环境心理学结合，确定以中国红、琉璃黄、国槐绿、青花蓝、长城灰、玉脂白六种专有色为主，凸显中华历史文脉，表现北京地域文化，进行视觉形象系统的整体创作。在中国传统色彩中选择了六种，在这六种色彩中又凸显红、黄、蓝，最终把红色，也就是中国红放在首位，来放大、彰显国家属性。定位是中国，是中国文化，设计美学由此找到出发点。"社

会规定了色彩的定义及其象征含义，社会确立了色彩的规则和用途，社会形成了有关色彩的惯例和禁忌"[①]。色彩的基本

① 米歇尔·帕斯图罗.色彩列传—绿色[M].北京：生活·读书·新知三联书店，2016：5.

规律、设计的基本原则加"设计定要向社会发言"，升华凝聚成企业美学的自身定位。一项人文活动或精神产品成功的关键，是设计美学找到该活动或产品在大历史中的定位——我究竟要实现怎样的目的。这个定位的确立，属于设计美学的形而上，往往四两拨千斤；定位清晰明鉴，设计美学的具体工作会越发轻松，由此转为形而下的工作。这个大历史，是指人文活动或精神产品在企业、行业、区域、社会乃至全球所处的位置，或者两者之间的关系总和。

20 世纪末，亚洲金融危机导致铁路货源客流大幅下滑，铁道部开展历时两年的"富小拖现象大讨论"，成为中国铁路第一场思想解放运动。铁路作为中国计划经济的产物和标志，面向市场的病根子是观念严重滞后，这是问题的焦点和灵魂。为此以一个典型现象着手，大讨论命名为"富小拖现象大讨论"，将哈尔滨

铁路局先行展开讨论、实践中形成的主要成果，率先在《人民铁道》报第一版，以"佳木斯分局撕开观念的口子"为题，连续 10 期深度报道，这是大讨论的触点和开端。这个触点和开端的敏锐捕捉、迅速聚焦、准确定位、一语中的和框架铺就，是这场思想观念大讨论的路径和方向。有了触点和方向，才是大讨论整体方案的设计，大讨论从铁路局、铁路分局一直贯穿到基层站段和一线员工。触点和路径设计完成后，"富小拖现象大讨论"有三个关键性节点需要设计：铁道部政治部下发关于在全路开展富小拖现象大讨论的通知，对大讨论活动进行整体安排；组成由铁道部政治部宣传部、人民铁道报社和部分基层骨干组成的专项工作团队，深入到佳木斯分局策划、调查、撰写系列报道，在全路点爆燃点；邀请铁路运输经济专家、铁路管理专家和社会知名学者，对富小拖现象背后铁路存在的问题、根源，进行系统的理性研判和分析。有了这三方面的顶层设计，"富小拖现象大讨论"也就成了设计美学的一个经典案例。

当今是一个消费时代，一个"读图时代"，更是一个文化时代。国家电投集团"一公里"年度展，既"慧于中"，将企业深厚的文化底蕴有机地展现；又"秀于外"，把中央企业的形象全方位展示。展览提炼确定"　公里"主题后，进行总体考量和构思，这一过程是设计美学的应有之义，局部的设计、细化和实施，毫无疑问也是设计美学的重要组成部分。包括设计美学在内的企业美学，本质是实践美学或应用美学，是企业研究美、发现美和创造美的过程。研究美、发现美是前提，是审美问题，是对美的对象进行审美、研究的过程；而创造美，是一个企业在生活实践和生产实践中的各种艺术实践。周来祥说："审美文化是一切体现了人类审美理想、审美理念、审美趣味，从而具有审美性质，可供人们审美关照、情感体验和审美感悟，并可使人们从中得到一种审美愉快的文化"①。实践过程中提升审美能力，知道什么是美的、发现美，随时随地捕捉到美的对象——人、事物和载体。通过一切艺术形式，如建筑、雕塑、音乐、

① 周来祥.中华审美文化通史[M].合肥：安徽教育出版社，2016.

绘画、舞蹈等，走进企业生活，在创造企业生活的同时，深度参与产品的生产。

数字社会给企业设计美学加持，包括观念、思维、逻辑、手段、工具，让精神之美的设计插上翅膀，如虎添翼。高铁列车的仿生外观设计，得益于数字设计。高速列车极具速度感的流线造型，已成为彰显中国科技实力的名片。服务于2022年北京冬奥会的京张高铁，外观造型模拟旗鱼外形的仿生设计，形成简洁饱满、生动流畅的外观造型，涂装方案以雪花图形结合蓝色渐变，配银白底色，突显现代冬奥会的冰雪主题。列车以多重飘带和颜色渐淡的形式，强化乘风破浪的速度感，传递出"瑞雪迎春"的美好期待。"一公里"年度展，自始至终、从里到外都有数字化的理念、技术的参与与支撑，总休构想变为现实轻而易举，否则一个小小团队，完成一个由十个左右模块组成的数千平方米的展览，不可想象。其中，模块化的设计、专业化的实施、网格化的宣传、全息投影技术的应用、电子屏幕滚动播放和VR网上展厅等，不仅仅赋予展览以现代感和科技感，重要的是数字赋能，改变了展览展示乃至价值传播的结构、路径、方法和观念，一定意义上已经颠覆传统。数字技术作为"元技术"，让整个社会生活，包括整个技术体系，都围绕它重新构建。社会学家尼尔·波斯曼说："技术改变不是加法，也不是减法，而是生态法。公元 1500 年，在印刷机发明 50 年后，我们拥有的不是一个多了印刷机的老欧洲，而是一个不同的欧洲"[①]。作为数字社会标志的移动互联网，重构了人际关系网络，也重构了人的自我认知，包括我们对设计美学的认知。

大数据的关键不在"大"，而在于关联度。社会学家丹娜·博依德和凯特·克劳福德曾说，"大数据本质是关联的，它的价值源自在不同的数据集之间建立连接，从中推断出某些模式，关于个人，关于个人与他者之间的关系，或者仅仅关于信息的结构本身"[②]。美团知道你喜欢吃什么菜，微信知道你深夜与朋友聊些什么，京东知道你喜欢什么洗发水，人人视频知道你喜欢

① 田松.互联网的STES.读书[J]. 2021. 8: 3.
② 陈赛.隐私焦虑——身处透明社会.三联生活周刊[J]. 2021. 25: 37.

看什么美剧，网易云音乐知道你喜欢听什么歌，支付宝对你每天的开支了如指掌，网约车平台知道你每一天的出行路线，我们头脑中最隐秘的困惑、幻想、欲望都在搜索引擎里。这些数据库记录了我们在不同领域的微观现实，一旦连接成一个涵盖个人全部生活现实的共享网络，就可以拼凑出个人完整的数据肖像。信息就是权力，对一个人了解越多，就越能对个体的思想和行为施加影响。企业的思想治理，正从被动监控向主动操控迈进，大数据与设计美学相互唱和，极大地为设计美学赋能。

数字介入人的精神世界，对个人的所思所想主动干预，推送给你的某些定制广告，你可能会悚然心惊：从那里瞥到了自己的"数据肖像"碎片，它们如何采集、加工和使用，我怎么一无所知。与此同时，企业文化工作者一直以来都为企业价值传播、文化落地生根发愁、苦恼，总是在传统的圈圈里打转，总是感觉观念、方法和工具不够给力，有时甚至一筹莫展。今天，我们生活在实时记录的全数字"透明时代"，"透明化和超交际夺走了保护着我们的内心世界。是的，我们是自愿放弃了内心世界，甘于受数字化网络的奴役，任由它们穿透、照透、刺透我们"①。设计美学正在心灵停歇、智慧凝聚、意志统　和艺术化生活等方面异军突起，与

① 韩炳哲.他者的消失[M].北京:中信出版集团,2019: 51.

数字社会水乳交融中如影随形。刘德华出道40周年直播，抖音首次全程运用XR技术，全场景直播，仿佛置身时空隧道一般，近两个小时的直播，累计1亿人观看，超出你的想象。刘德华作为一种现象、一个时代的符号，在数字技术的加持下，带来了意想不到的流量红利。数字社会设计中的使用功能让渡给美学功能，从人趋近产品变为产品趋近人，对现实的感受处于永恒的绵延之中。成立于2001年的日本科技艺术团体teamLab，是艺术界跨领域的佼佼者，他们创造了光影交织、美轮美奂的沉浸式作品，让我们看到了数字技术之于艺术的绝美之光。teamLab的数字艺术实践都是对传统艺术及世界观的回望和致敬，与其说作品中的光影体现着数字技术之炫美，不如说它们是在

引领我们认识自然，思考与自然相处的哲学智慧之光。teamLab通过探索身处数字时代的人类行为和对当下人类情感进行体察，对数字社会的发展演变提出创新的模式与思考。

大数据可以照亮人心灵深处，而不同于工业社会的统计学。"人口统计无法对精神活动进行推断。在这一点上，统计学和大数据是截然不同的。大数据不仅能刻画出个人的，也能刻画出群体的心理图析，也就可能对潜意识进行心理刻画，因此可以照亮心灵深处，从而实现对潜意识的利用"[①]。过去的企业文化与规训社会相适应，亦可比作"肉体"（Korper），是一种生物政治权利。今天数字社会下的企业文化与新自由资本主义社会相适应，亦可比作"灵魂"（Seele），是一种精神政治权利。"精神政治就是它的统治形式。它始终把不容后退的对抗心理标榜为充满治愈能量的力争上游和出人头地的激励动力"[②]。优化精神和脑力，即优化思想取代规训肉体，精神权利取代生物权利。所

① 韩炳哲.精神政治学[M].北京：中信出版集团，2019: 30.

② 韩炳哲.精神政治学[M].北京：中信出版集团，2019: 25.

以，设计美学关注的是员工的思想、情感、审美与企业文化、经营理念、管理哲学等类意识形态。设计美学依赖于文化和数字，同时又作为一种设计结果物化了文化，并承载文化，是反映文化的镜子。透过设计美学，能够看到深藏其后的企业价值和哲学思想。设计美学正经历"质"的变化，从"工具理性"的逻辑到"人文感性"的嵌入，设计艺术化、审美化、数字化，艺术实用化、生活化、数字化成为趋势，设计美学越来越追求种种能引起诗意反应的物品和载体。这种价值已经迅速地与后现代艺术追求相重合，设计与艺术之间已无明显边界，有的只是二者的"边缘"①。

① 藤守尧.文化的边缘[M].南京:南京出版社,2006.

　　韩炳哲说，"艺术的任务就是去拯救他者。拯救美就是拯救他者。艺术美是对消费的反抗。"设计美学是服务他者的刻骨体验。设计美学能看到人的知觉力、想象力、创造力和理解力，能看到人文价值，这些都是人的属性。美国"越战纪念碑"设计师林璎说，"我关注的不仅仅是物理空间，还有一地的文化背景如何为那个场地注入意义，以及我的作品如何表达和回应这种关于地点的更宽广的概念。"普利兹克建筑奖获得者王澍说，"你想做的建筑，要传达那种文化里最好的状态和精神"。设计美学不仅能满足人们精神上的审美需要，并且在一定程度上揭示了企业出于对现实实际的考量，通过有限的物质材料，创造性地设计出具有实用价值和文化价值的艺术景观。设计北京中关村环保园基地，首先确立文脉系统，把记忆及地方依恋情怀作为设计语言，在塑造新的企业空间同时，保留场地的历史记忆、元素记忆和文化记忆，以独特的设计美学语言传达空间环境的精神表达，对历史构建和场地特征进行抽象和再演绎。在整个设计过程中，通过公共艺术作为文化植入与精神表达，赋予企业的格调与内涵，增强企业的辨识度和精神引导，成为企业美学语言的外在表达。

数字社会，审美加速了"现代性"的步伐，其中一个突出表现，就是用艺术的眼光去看待美。数字社会的美学已非传统意义的美学，而是与人的生活、情感、文化、艺术、科技密切结合的美学，是生活美学，是行动美学。正如法国作家奥利维耶·阿苏力所说，审美作为一种精神生产力，有着不可计量的价值和无限发展空间。将企业的业务、历史、文化、员工需求化为设计语言，谱写美学剧本，将环境美学、建筑美学、色彩美学、科技美学、人文美学等作为主线贯穿于设计的每一寸肌肤，让环境与艺术产生共鸣。"艺术为企业赋能，设计为企业赋情"，数字社会对于一件产品设计美学的评价标准，不再只采用前现代美学中的伦理价值与认识价值，也不止采用现代美学中的审美价值，"更多地关注人的价值追求和情感需要，生态环境、潮流时尚、人文关怀等已成为了设计美学中的重要问题"①。这样一种审美的生活方式，就是亚里士多德所说的"目的因"，即意义价值。

① 罗雯.科学与哲学为线索的设计美学表现研究[C].第十七届沈阳科学学术年会论文集，2020.

新自由主义精神政治学则具有确证性。它不受被否定的威胁，而是借助积极的刺激来运行。他不用"苦药"，而是通过"点赞"（Like）去达到目的。它向灵魂示好，而不是对它进行打击震撼，使其瘫痪。它诱导灵魂，走在灵魂之前，而不是处处与其针锋相对。它认真地记录灵魂的愿望、需求和期许，而不是将这些统统抹杀。它会对人的行为进行预判，疾走先得，而不是一味使人的行为落空。新自由主义精神政治是智能的政治，它不去压迫而是去努力讨好、成全①。今天，大数据正与设计美学同流合污，条件反射般地从情感、心理乃至精神层面诱导，让每个人都主动地自我剥削，心甘情愿地自我压榨。自我优化是毫无保留的自我剥削。正如韩炳哲所说，现在，被利用的是精神。

① 韩炳哲.精神政治学[M].北京：中信出版集团，2019：47.

与美的距离

审美的觉醒

美的价值

价值美学

模块美学

平滑美学

场域美学

符号美学

「ＬＯＧＯ」美学

色彩美学

设计美学

记忆美学

环境美学

美学目视化

无知与暴力

移植、嫁接和拿来主义

记忆美学

　　数字社会，痛苦来自于同质化的暴力。叠加取代了叙事，过量的肯定性让他者在感知中消失殆尽。对美的体验，趋向片刻欢愉，无法持久。人类对于美的经验是曾经在者的重现，是一种重新认识和记忆。今天，消费性记忆陶醉于"现时"，抛弃了倾向于反思和批判精神的历史，无法获得历史意识对生存意义的反哺和加持。我们时刻处在"断裂"的生存状态，忘记了否定性的力量，记忆也就无法依存，美仅仅是人间的匆匆过客。韩炳哲说，"对美而言，至关重要的不是正在闪光的现在，而是可供持久回忆的曾在。"①

① 韩炳哲.美的救赎[M].北京：中信出版集团，2019：95.

　　我们常常体验故去的情绪，对多个问题咀嚼思考，记忆成为大脑穿越时空之旅的一缕极光，一声雨夜中的炸雷。记忆将过去经验和现时体验相互勾连，从中构建起一座时空桥梁。对普鲁斯特来说，回忆是比现实更真实的存在，"我们的胳膊和腿充满着沉睡的回忆"。他以不可思议的精确和复杂，记录下意识之前盘根错节的回忆结构，这些回忆构成了一张看不见的网，通过它们，我们的身体与客观世界连接起来。"无论印象的材料显得多么单薄，无论它的痕迹多么不可捉摸，只有它才是真实的标准"。此时，记忆比现实更真实，甚至可以触摸，于是它也就成为美的本质。博尔赫斯写到："宁静的夜晚、藤忍冬的乡村气息、原土——三十年前那个街角的一切不仅完全一致，而且它们既不是相似，也不是重复，就是本身。如果我们能够察觉到那种一致，时间就成了一种欺骗。一个看起来是昨天的时刻和另一个看起来是今天的时刻之间的相同性和不可分性足以把时间分解。"[①] 记忆成为审美方式或本身，便创造了一种独特的审美体验。企业美学与员工记忆相互渗透、咬合、交融，生发出企业的集体记忆——记忆美学，形成员工心中滚滚流淌的记忆长河和生生不息的文化胎记，进而承载员工对企业文化的刻骨铭心。

马尔库塞把丧失否定、批判和超越能

① 豪尔赫·路易斯·博尔赫斯.永恒史[M].上海：上海译文出版社，2019: 27.

力的人，称之为单向度的人。数字社会最痛苦的是思想的匮乏和否定性的消失，单向度的人开始丛生。人类如果没有记忆之美，只有来生而没有往生，一切将变得苍白无力，毫无色彩。文明和智慧的延续，现代科技高度快速的发展，因记忆得以完整地保留。记忆美到遗忘美是一个闭环，遗忘是对识记过的事物不能再现的过程。心理学家艾宾浩斯得出结论，人们遗忘的速度是先快后慢，遗忘的原因一个是自然的衰退，一个是外界信息的干扰。随着时间的推移，记忆中的感知越来越模糊，最终导致遗忘，忘记了自己看到的美，和自我愉悦的体验。数字社会过剩的信息，使人目眩神迷，无法停留片刻，没有时间体会美的滋味，干扰了记忆的持久性。《9号秘事：克丽丝的12天》，克丽丝因一次事故脑部受伤，无法保留记忆，对她而言，每一天都是全新的一天，每一个人都是陌生人。电影《困在时间里的父亲》，女儿正叙视角和父亲倒叙视角，记忆、时间、空间交错碰撞，观众进入了一场奇怪的时空之旅。导演佛罗莱恩·泽勒高明之处，在于让观众看到的每一个场景和线索，都会唤起对主人公真实记忆的再回忆。困在时间里的只是电影中的人物，每个观众都是记忆线索的载体，观众个人的记忆与安东尼的家庭集体记忆在屏幕内外共鸣共情。没有了记忆，不知身处何方、心归何处，又无能为力、无法辨别，人生而无恋。现实的问题是，大数据让思考变得多余，磨平了记忆的刻度，美的粗粝感变得光滑如镜、无法站立。

被消费的永远是新事物，而记忆的持久和消费的即时格格不入。消费依靠的是支离破碎的时间，造成了人们的遗忘，也最大限度地破坏了审美的持久性。记忆美学是企业审美过程中对审美对象特性识记、保持、再认、回忆的集体心理活动和整体能力。在《乐队的夏天 2》舞台上，来自广东汕尾小城的五条人①"横空出世"。尽管登场就被淘汰，被观众投票复活后再次淘汰，却丝毫不影响五条人受到大众热捧。仁科和阿茂两位主创，身上充满着地域特色，加上怀旧感十足的穿着打扮，成为当下流行文化中的他者。童年的记忆，海丰

① 五条人，来自广东省汕尾市海丰县，中国内地民谣乐队，成立于2008年，由主唱兼吉他茂涛，主唱兼主音吉他、手风琴仁科组成，发表过五张录音室专辑。

的轶事，城中村的生活，尽情舒展了原汁原味的乡野中国，在逐渐遗忘中找回曾经的那个自己，也在音乐日趋娱乐化的时代中，打破了音乐之美在交际和资本中的循环。他们的音乐从一开始就打上了明显的地域烙印，吟咏脚下的土地与人，充满了记忆美感。在审美被同质化不断消费的体系中，五条人仿佛来自另一个时空的"闯入者"，有点陌生却莫名亲切，我们仿佛找到了曾经的那个永恒的"阿强与阿珍"。记忆美学的客观基础是企业审美对象依据频因律、近因律、强因律对审美主体即员工构成强度刺激；生理机制是对象刺激在员工大脑皮层刻印下的兴奋痕迹，经历了对审美对象信息接纳、贮存、重组、提取的反复过程；主观条件是员工的审美需要和对对象的选择、关注、认知、判断与情感活动获得的审美印象、映象、表象和意象的结合。2010 年代，北京雾霾引发从百姓到政府的高度关注，我们在国家核电总部 16 楼西侧的位置，从 2013~2014 年间，用一年时间，每天 17：30，固定的地点，固定的构图拍摄北三环马甸桥，记录此时此刻北京城市的表情。用 365 张照片及 365 天的空气 PM2.5 空气污染指数、温度、湿度、车流量，描述刻画这座城市的表情。于是，北京表情、空气质量和清洁能源三者间产生一种内在联系，员工看《马甸桥 17 点》影像作品，体会到的是能源与北京喜怒哀乐和阴晴冷暖的内在关系。记忆美学折射出企业内在观念和追求，让美学记忆成为感受企业真实存在的价值烙印。记忆美学隐藏着我们共同的爱、美好和回忆。

韩炳哲说，"美是一种关于关系的事件，具有特殊的时间性。它不能被立即享受到，因为一件事情的美要很久以后才会作为一种回忆借着另一件事物的光亮显现。美是由闪着磷火的历史沉淀而成的"[①]。记忆美学的关键在于重复，反复的温习会迅速形成记忆,这也就是频因律。欧阳修《卖油翁》"无他，但手熟尔"，这句话至今仍萦绕耳边。美不是瞬间的光芒，而是沉静的余晖，美的持久正是在不断重复中产生记忆的磷火。记忆美学是时间在内心生长出的枝芽，由此产生持久情感联想的美学

① 韩炳哲.美的救赎[M]. 北京：中信出版集团, 2019: 99.

体验，最终形成美学烙印和文化共识。2007 年 10 月，国家核电成立之初创办企业内刊《和》，经历 2015 年中电投集团与国家核电重组整合，杂志一直坚持每月出版一期，到 2020 年 12 月共出版 157 期。一位员工退休，他只带走了 157 期《和》。这些杂志如时间容器，详细记录收纳下他与企业一同成长的所有美好时光，是一缕如邓布利多冥想池里的回忆。记忆美学的高贵在于不慌不忙的自持，一种看似漫不经心的缓慢释放。美是一支慢箭，它在企业的天空中徐徐飞翔。"它渐渐渗透，人几乎不知不觉地被它带走，并一度在梦中与它重逢"。《蝴蝶效应》① 里的伊万，通过阅读笔记本中写下每个时段的关键事件，以"见字如面"的速率，瞬间穿越到那个场景中去。时间和记忆之间的强关联，成为记忆美学的关键证人。

① 《蝴蝶效应》是2004年由埃里克·布雷斯执导的科幻悬疑电影。

集体记忆一定"在群中"(Im Schwarm)，这是集体记忆的第一个要素。它使员工惊喜、悲伤、错愕、沉思：个体支离破碎的记忆，群体星星点点的回忆，两者在共同的时间、空间中碰撞、交汇、融和，重新编织成一张记忆大网，给每个人一个新的整体和新的自己，恢复记忆之初的概貌，帮助员工回到过去。哈布瓦赫认为，一个个体的记忆，必须有集体记忆的大框架的承载才可能被"召唤"出来。他在《集体记忆》①中写道：1731 年，人们在法国 片森林里，发现一个 10 岁左右的女孩。她身心非常健康，可是她却完全没法说出自己的身世，包括童年的任何记忆，人们只能从她零碎的陈述片段里，推测她可能是因纽特人：当她看见因纽特人的屋子或船或海豹图片时，好像有较多的反应，他显然曾经漂洋过海被送到法国来。人越是身处集体记忆的结构中，他记忆中的能力就越强。反之，越是离群索居或是与集体记忆割裂，个人记忆的能力就越弱。

① "集体记忆"是社会心理学研究的一种概念，最初由法国社会学家莫里斯·哈布瓦赫在1925年首次完整地提出。

　　《和》作为国家电投记忆美学的一个重镇，157 期杂志从来不登管理者的讲话，也不刊登行业技术文章，所有文字都与员工的精神世界和自身修养有关。这支美的"慢箭"，在企业的天空一飞就是十四年，在不断重复的美中遇见他者，特立独行的美一点一滴静静地吸引每一位员工。每一期《和》都以独有的纸张、开本、胎记、设计、色彩、栏目、内容、品质，创造一个温馨熟悉的文化道场，唤醒员工对企业美学的追求和记忆。封面是米芾书写的"和"字，一个极简而内涵深邃的"和"字，将中华民族优秀传统文化"和"的价值理念和企业核心价值观贯通，文雅、秀美、独有；封二画面永远是蓝天白云、绿水青山，透过画面仿佛能听到潺潺的溪水声和忽远忽近的鸟鸣声，仔细还能闻到花草的芬芳；封三向日葵的微笑表达一本小书的温度，充满阳光，直抵心扉。这份沁人心脾的绵长美学体验，在时空下与每一位员工耳鬓厮磨，天长日久对这支美的"慢箭"渐生情愫，滋长出一股从未遇见的真挚，收拢在四处弥漫记忆之网的十字街口。龙应台说，集体记忆是一张编织绵密的大网，个人的记忆密实地编进了它的纹理，与集体记忆是一个不可分割的有机体。员工个体记忆是透明的，没有隐喻，只有"在群中"演化成集体记忆，从根本上来说集体记忆是非透明的，具有了隐喻意义。《和》杂志也就成了员工"在群中"的一个聚集地，一个见面的标识物，一个集体信使的信物。

我们明明知道自己回不到从前，回忆也一定不是从前的我和事的真实面貌，但"在群中"网上或线下的交流、讨论和回忆，每个人找到与他人、与企业、与社会的情感和价值关联，找到自己在企业组织网格中的位置，自然也就看到了自己以为的价值，记忆让生产记忆的人产生自豪和喜悦，记忆美学经过岁月的漫长沉淀而生出灿烂的枝叶花朵，我们不时闻到记忆花朵的芬芳。国家核电一年一度的"新春和会"，是追求企业核心价值和员工原创文娱作品有机结合的艺术实践，以原生的企业记忆美学贯穿活动始终。会场氛围的营造充满"中国红、能量橙、创想黄、科技蓝"等企业性格色彩和中国传统生肖图案；每次用一首最能反映企业核心价值观的歌曲，比如《我们种太阳》等作为别开生面的开场曲；设计"新春和会"专属LOGO，三个汉字"核""合""和"奇妙地隐藏在其中；进入会场所有门的两侧贴有毛笔书写的原创企业对联，主会场对联将集团公司一年来的成就全面概括总结。

作为记忆美学量身定制的"新春和会"，员工对企业美学深刻体验注入自己身体的每一寸肌肤，庸常的活动瞬间羽化成文化仪式。在集体的场合里，情感的交流、呼应、唱和以及相互间的影响、激发，是个人环境氛围中永远无法企及的。在集体记忆中，所有人都可以进入一种忘乎所以的状态，每个人都会十分开怀，体味一种通向难以展开的庄严肃穆的情感历程，找到个人的归属感并一再强化。集体记忆唤醒我们对内心的尊重，因而也能去尊重生活，这恰恰是记忆美学的最终落点。"朝着美的方向的解放，靠的不是集体的努力，而是以自我为中心；不是社会的劳作，而是个人的救赎"。一份美好的记忆，很多时候是给自己一个契机，去迎接一个全新的开始。

历史总是与现实相连接的，而记忆也总是附着在可见的基础之上的，散落在星星点点的物质废墟中。"在历史中"是记忆美学的第二个要素。王澍说，"象山校园从诞生那一天开始，就有了 50 年甚至 100 年的历史。"走进中国美术学院象山校区，引人注意的便是层层叠叠的瓦，作为屋檐、房顶、墙面和甬道的瓦。所有的瓦、砖、土甚至是石板，王澍用的都是旧材料，层层地堆积如波浪一般，其中采用最多的是瓦片墙，不同年代的旧砖弃瓦用了 700 万块。可见，传统是一座取之不尽的记忆金矿，它是历史的延伸，记忆也延伸了历史。"在历史中"记忆美学找到属于自己的时间和空间，记忆美学成了活着的美学，它有了自己的生命张力和郁郁葱葱的枝叶。历史活在了当下，记忆也活在了当下，我们无需慌张和匆忙，要的是安静和闲适，去静心长久地耕耘。王澍说，"瓦在我眼中并不仅仅是建筑材料，它代表了一种境界，也代表了我的建筑观，我从不来不是在设计一个房子，而是在建设一个世界。"建筑美学钩沉起况味持久的历史沉思，发现记忆美学在传统文化中孕育生长。

"在历史中"是企业美学生长在企业历史中，在历史废墟中发现美的精灵，记忆之美与员工对话交流。上海当代艺术博物馆原本是 2010 年世博会城市未来馆，前身是 1897 年创建的南市发电厂，当时在十六铺老太平码头提供了 30 盏路灯照明。165m 高的烟囱是南市发电厂的标志，无疑是这座大都市活力之源的最直接意象，改造为城市体温计得以保留。2011 年 8 月，世博会城市未来馆改建为上海当代艺术博物馆，南市电厂空间的可塑性和地理位置的优越正和当代艺术馆的功能匹配，在一年多的改造中，老建筑的旧和展示品的新的碰撞，形成记忆美学和当代美学之间的张力，是新建筑永远无法比拟的，这份独有的存在感，让城市的记忆之美与艺术之美在此间汇聚，我们在同质化的时代中看到他者。很难想象，艺术馆的电梯形态是设计师从此前在工厂外、最终被保留下来的输煤栈桥上得到的灵感。这份留存的念念不忘的记忆，移植到今天的当代艺术馆内部，成了大厅中央的那组大型自动扶梯交通体系，建筑的生命再一次跃动于我们的眼前。章明① 说："现在南市发电厂的老员工回去看这个楼的时候，他远远地看到这个楼，他还是很兴奋的，因为整座楼的形制、比例，包括些很

① 章明，同济大学建筑系教授，致力于城市有机更新和既有建筑及建成环境的改造再利用以及文教类建筑设计理论与设计方法研究，代表设计作品为上海新天地屋里厢博物馆、上海世博会城市未来馆、上海当代艺术博物馆。

有特征的元素，进去以后感受的这个空间，他觉得还是有记忆的情感的冲击的。"

林怀民说，在文化自信充沛的国家，传统是当代的一部分。林怀民创立的"云门舞集"，将中国特色的传统文化转换为世界通用语言，让艺术之美承载传统文化的集体记忆。企业美学与民族传统文化产生关联，记忆美学就更具民族性和历史感，关键是记忆美学根植于传统文化基岩上，这是"在历史中"的一个重要内涵。国家电投集团总部一楼大厅西北侧，陈列一件礼器——九和鼎，造型源于西周晚期的"大克鼎"，鼎腹铸有九个"和"字，分别是八个金文和一个篆书。"和"作为国家电投集团企业文化的本源，企业美学与传统文化记忆共鸣。国家电投智慧能源公司园区的雕塑《创业年轮》，由9个古朴沧桑的旧石碾组成，地面是第一批创业人员手印，时间辗转的刻度同创业者誓言一般的手印锁定在历史时空中。一切都将从记忆的繁复之网中重现。员工将个人记忆变为个人情感，再将个人情感变为集体情感，个体与群体之间产生持久的情感共鸣，企业文化开始升温、发酵，从物理层面升华到精神层面。

　　"在遗忘中"也是记忆美学的重要要素，没有遗忘也就没有记忆，在遗忘中也就是在记忆中。记忆美学不是事物在当下直接呈现出来的，而是呈现延迟和滞后的特征。曾经弥漫中国乡村社会诗意系统几乎全部被瓦解，曾经覆盖中国过去那种景观建筑和城市体系也几乎完全消失，也就是中国人过去几千年的记忆在这四十年中大部分都已退出历史舞台，从中国人的视野中消失了，残存的部分也支离破碎，"几乎无法再称之为一个诗意的系统。"夏绿蒂·勃朗特在《简·爱》中说："有着污染的记忆是一种永远的毒药。"总会有一些记忆让你耿耿于怀，悔恨、挫败，想要忘记，却已是事实。记忆美学因时间缓慢把记忆升华，忘掉我们的痛，我们已经忘掉的，包括不想记忆的，这一切是遗忘，这一切成为能够治愈人类的永远意念。电影《你好，李焕英》，把每个人内心深处珍藏的父子、母女情深的记忆，进行放大，但在我们每个人的记忆中更多的是遗忘。贾玲穿越回 20 世纪 80 年代，去寻找母亲，去改变历史，建筑、标语、音乐、自行车、跳皮筋、爆米花、冰糕、社会主义大生产、集体生活、蓝白色的衣服还有补丁、白色的饭缸、供销社凭票购物等，还原了 20 世纪 80 年代的生活场景、社会环境，把人们带入生活节奏缓慢、思想单纯的年代，那里有属于每个人独一无二的美好和不一样的焰火。它能够帮人们过滤掉那些不好的痛苦的东西，留下一些美好的东西，我们一直是"在遗忘中"。"时间是可以疗伤的"。阿兰·巴迪欧说，"电影之所以是一种大众艺术，因为它把时间转化为知觉，让时间变得可见，电影就像我们能够经历的时间，并且创造出了不同时间情感。这种情感是超越语言和文化的，也是能够且应该为大众所理解、触动的。"

　　"在遗忘中"就是记忆曝光前的暗箱，只有暗箱，记忆图像才能在这个时空中缓慢呈现真相。记忆美学的重要特征是"在遗忘中"构成记忆关系，不同的事物在遗忘和记忆中彼此相会。记忆美学的重要组成，不是由记住多少来决定的，而是遗忘。

《五棵树》局部

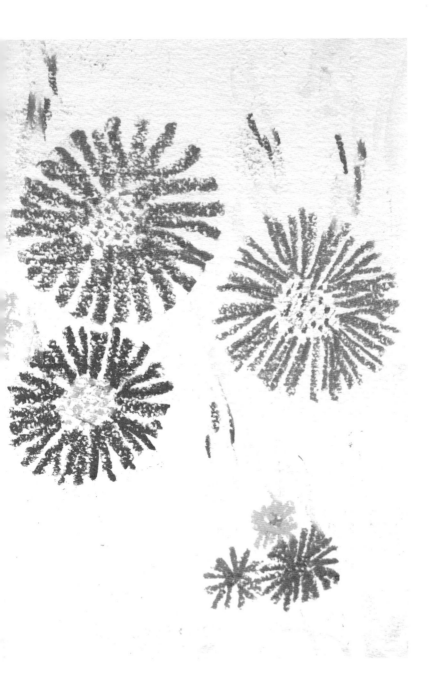

与美的距离

审美的觉醒

价值美学

模块美学

平滑美学

场域美学

符号美学

「〇G〇」美学

色彩美学

设计美学

记忆美学

环境美学

美学目视化

无知与暴力

移植、嫁接和拿来主义

环境美学

数字社会的环境是由人、空间、意义，以及人类的活动和精神组成，呈现出相对复杂的表征。环境美学对传统审美理论提出了挑战，其审美体验不再是传统欣赏的对象，而是对整体场域的关注；不只是通过一种感官，而是通过知觉意识的全部感官。环境美学不是文字营造的一种氛围，也不是一个美学营造的氛围，而是它自身有说话的欲望和想法。员工在这种环境中会自我陷入，自言自语，有说话交流的欲望，调动了他（她）内在的情感、情怀和情绪，是一个自然而然的过程。

现实社会中，不少企业办公、生产环境缺少基本的审美常识，也缺少交融性、包容性、动态性和开放的意识，更谈不上将环境美学作为企业文化的媒介和员工自我教育、减压及创造精神和思想的源泉。任正非说，"所有的生意终将死亡，唯有文化生生不息"。面对外部世界的不确定性，用文化塑造内在秩序，以内在秩序来应对外在的大风大浪、风风雨雨，这种文化秩序的构建让员工放飞自我；将自己的潜能、智慧和力量充分释放，建立一种全员的、全面的、自主创造的、生机勃勃的文化生命体，呈现一种鲜活的生命状态。

思想治理解决员工的潜能、智慧释放的问题，解决员工自身过于疲劳、倦怠的问题，最终解决企业内在秩序构建问题。为追求个体的自由和效率，人们少有间隔、停顿和休息。韩炳哲认为，功绩社会和积极社会导致了一种过度疲劳和倦怠，而且"功绩社会的倦怠感是一种孤独的疲惫，造成了彼此孤立和疏离"①。人与人之间交往缺少温度，各种关系变得

① 韩炳哲.倦怠社会[M]. 北京：中信出版集团，2019: 54.

麻木僵硬，人们迷失在这个拥挤又疏离的大时代里，被困在名为"孤独"的蚕茧中，越缚越紧，难得喘息。此时，创造宽松和谐的环境氛围，用环境美学将其压力或超越个体自身能力水平部分自我消解掉，并将自身积累的力量潜能最大限度地发挥出来。勒庞说，"群体可以比个体表现得更好或更差，这全看环境如何。一切取决于群体所接受的暗示具有什么性质。"

就企业而言,员工是企业主体。埃尔温·布鲁克斯·怀特在《三个纽约城》写到:"三个纽约都令人振奋,而第三个最伟大,它是寻梦者的最终归宿和追求目标,也正是它阐释了纽约:极度敏感的性情,诗情画意的举止,献身艺术的热情,以及无与伦比的成就"。人是这个城市的主体,是这个世界的主体。员工就如纽约城市居民,员工参与其中投注感情——对家的眷恋,对创造的野心,对人生的感悟,企业才会爆发生命力。人是这个世界真真切切活得灵魂。法国人蒙田说:我是人,我关心一个人关心的一切。这意味着,人是有血有肉、千差万别、难以预期的"生灵",人是丰满的、多维度的、有思想、有情感、有尊严的"动物"。正是广大员工在企业中和合因缘、演进生态、随机迭变、时时创新,聚集为丰感复杂、浩瀚细腻、推陈出新的"企业湿件系统",由此才衍生出企业内化万千的企业人文气象。

企业环境美学既从人本主义立场建设环境,又从生态主义的维度来认识环境。海德格尔说:"人生的本质是一首诗,人是应该诗意地栖居在大地上的。"追求科技与情感的平衡，理性和人性的平衡，释放员工的潜能、天性和智慧。正如约翰·奈斯比特所说，"无论何处都需要有补偿性的高情感。我们的社会里高技术越多，我们就越希望创造高情感的环境，用技术的软件一面来平衡硬性的一面。我们必须学会把技术的物质奇迹和人性的精神需要平衡起来，实现从强迫性技术向高技术和高情感相平衡的转变"[①]。围绕以"人"为中心建构一个多功能场域，企业环境从物质生活的容器，转化为员工高阶精神生活

① 陈海华.文化创意+电力工业融合发展[M]. 北京：知识产权出版社，2019：114.

的载体。这里有两个前提：当代艺术可以去做重要的事情，去参与"我们是谁，我们如何生活"——这个人类的永恒追问：价值意义问题；数字社会条件下，"才智（Talent）"左右的边际成本，要比企业美学硬件投资高得多，两者之间价值权衡使得企业美学成为现实可能。

一切环境都是内心世界在土地的投影。环境美学是一种人类化的环境哲学，是人对自身实践的符号化思考所凝练而出的情境。环境与我们相伴，成为我们的"生存共同体"，是物质、空间与情感层层重叠的印证。

环境的物性呈现、感性传达、理性组构以及觉性触动，使得环境美学作为人类自我延伸的部分与未来彼此渗透，相互生发。环境美学不仅让员工感受舒适和美观，更应该让员工在环境中重新认识自我，找到自我。同样，企业环境美学也是企业文化的外在表现和物质形态，是社会审美、企业文化物化和员工内在需求三者的投射。企业文化与环境相互对接，使"文化场域"的空间、场景和氛围达到和谐统一，通过视觉感知、审美感应、文化感受，建立起一种由企业文化理念、员工意识交织而成的"以人为本，以文化人"的文化场域。

今天，审美已渗透到大众生活的一切领域。福柯说，"美学的生活就是把自己的身体、行为、感觉和激情，把自己不折不扣的存在，都变成一件艺术品。"生活的艺术化还原到企业环境美学，可以还原回归到古希腊哲学家们的空间、地方、区域等概念。亚里士多德强调地方性，他认为这是事物的首要、基本属性。海德格尔认为地方是人的栖居之地，包括天（Sky）、地（Earth）、人（Mortals）、神（Divinties）组成的"四重"（Mourfold），栖居最重要的是精神的适度（Sparing）。到了结构主义那里，"地方性"归结到空间上，强调开放、关系、连通、多元、异质，演进成一种社会空间。但"空间"不同于"地方性"，空间不一定是地理定位，不一定有人的活动，不一定产生情感好恶。从人文地理学的角度，重点是研究如何把空间转换为地方的，实现这一转化的重要标志是地方感。法国建筑师鲍赞巴克说得更直接："需要有近处的关注，有事物的汇集，但也要有运动，距离的取消。需要微小，也需要庞大。困难，也许在于距离的取消，无所不在的统一特征，感知的身体可以同时在几个地方，可以移动。比起六十年前，人的身体远不再那么扎根在近处。它更具虚拟性，但毕竟还是真实的。在当今的建筑领域，有一个观念偏差，认为不需要考虑地点，地点也不再有未来。假如地点的特性不再存在，我们也不再有具体的在场，我们也不再真实的移动"[①]。

① 陈嘉映.价值的理由[M].北京：上海文艺出版社,2021: 187.

这与其说是当今建筑界面临的挑战，还不如说是环境美学面临的挑战，因为我们拥有同一个时代。谷歌办公室的空间设计，反映出谷歌的美学和价值。其中，读书角落使用滑梯来穿梭办公空间，高大的图书室、灵活的厨房、优雅的咖啡厅和设施完备的健身房等，共同搭建一个具有谷歌特性的独立空间。赋予不同城市工作环境独特的主题，装出地方性的风格，把办公室所在地历史文脉融入其中。谷歌东京办公室，黄色的接待台，红色的壁纸，绿色的"吉祥物"，以及地上蓝、红、黄、绿四色地毯，与墙上 LOGO 颜色相呼应，壁纸上的和风花纹，黄、蓝、绿三色营造的沙滩、海水和椰子树的环境，展示日本传统美学物哀、幽玄、侘寂，展现出地方性和错落有致的空间层次感。设计师的身体的体验、身体感受，"从感觉开始"，制造了建筑和环境美学的地方性、距离感，也就找回"具身心智"①。

环境美学重心是研究人在周围环境中的身体性在场，或者说是人在周围环境中的感知经验。人对建筑的空间性感知来说，只有当我们通过自身的在场参与到建筑的空间中去，我们的情感才得以与空间的特性和空间的气氛相协调。所谓的空间

① 具身心智强调的是心智过程并非一种抽象的符号加工，而是植根于身体与世界的互动，离不开身体状态和环境条件。这一概念最初是哲学家对笛卡尔以降心物二元论的反思，是尼采、梅洛·庞蒂等人对贬低或忽视身体的西方意识哲学的反动。

并非通常意义上的空间，尤其不是几何学空间。波默指出，"对建筑来说，空间不再是某种被给定之物；建筑的根本任务在于对空间的构建、塑形以及体验。"目视化由身体、在场、空间三个维度构成，相互支撑、彼此交融，成为环境美学的二大要件和基本元素。

建筑师余峻南说，建筑是一种社会艺术，具有人性精神。一定意义上说，建筑是人的本能。弗兰德斯说"房子是有灵魂的，甚至可能有心灵……最平常的物品也可能同主人的生活产生共鸣"。环境美学充当高科技与高情感的平衡剂，是企业环境情感化、人性化的重要路径。因此，企业环境的升级，成为企业管理者的智慧和修为的一面镜子。阿诺德说，"任何关于环境美学的讨论也必然具有我所称的文化美学"①。环境美学试图在认知层面、物理层面、心理层面、社会层面等构建一个"文化环境场"，体现企业"场所精神"，让企业文化这样一种抽象之物成为一个特定的可感载体，通过这一载体实现文化价值的传达和转译。

① 阿诺德.伯林特.环境美学[M].长沙：湖南科学技术出版社，2006：21.

人是企业的尺度，也是环境的主题。理想的环境，既能提高工作效率，也能给人身心健康带来正向的积极的影响。历史上，美国三里岛、苏联切尔诺贝利、日本福岛三次大的核电事故，人因失误是诱发核电站事故的主要原因之一。通过人因工程对人的生理、心理、组织特性研究，建立一套针对人员失误的纵深防御体系，是提高核电厂安全性、经济性和舒适性的重要举措。对它的研究，目前大多停留在人体工程学等"硬"的领域，较少关注人的情感、心理、生理、美学及环境美学等"软"的方面，而软人因设计正是数字社会需关注的重点。"软人因设计以工业设计心理学、人性化设计、情感化设计等软性学科为基础，而不是以人体测量学应用为重点"[①]，内容包括美学设计、情感设计、感官环境设计、空间与人的生物节律协调性设计、旷奥度设计等。

① 陈海华."文化创意+"电力工业融合发展[M].北京：知识产权出版社, 2019: 113.

企业生产及办公空间软人因设计，通过环境对员工感官层面（人对物体的形、色、音、触等感性认知）、使用层面、观念层面影响的研究，对空间进行科学设计和布局，使员工感官愉悦、身心舒适、情感认知、文化认同，进而对人的意志、行动产生影响。

心理学家诺曼在《情感化设计》一书中讲到，"在设计过程中，同时进行创造性思考和集中注意力，是需要技巧的。假设一个设计任务是为 个核电厂或大型化工厂的操作员建造一个控制室（这个例子适用于很多生产制造型企业）。设计的目标是监控生产的关键工序或流程——也就是说控制室的操作员能够监控整个车间，并且在发生问题时解决它们——或许最好的方式是施加中性的或轻度负面的情感，以使人们保持警觉并集中注意力。这需要给操作员提供一个有吸引力的愉悦环境，以便在正常监控状态下，他们能够保持创造力并以开放的心态去发现情况。当某项工厂的监控参数达到危险级别时，控制室就会改变状态，让操作员产生负面的情感使其集中注意力去处理所面临的危险"①。在今天的精神土壤侵蚀和荒漠化中，以人为本的设计理念，让软人因设计服务于企业，建造起适合本企业特性

① 唐纳德.A.诺曼.设计心理学3：情感化设计[M].北京：中信出版集团，2016：13.

的员工工作空间环境。

　　企业建筑是企业文化外显于形的表达，也彰显着以人为本的品格。环境美学重建员工与员工、员工与企业、员工与自然的联结，开启人文企业价值观，寻找空间里的时间性，唤起环境美学想象力。北京计算科学研究中心基地建设初期，把企业文化内容和故事转化为符号，在建筑、室内外环境等"场域"一笔一画将企业身份特征刻画到物质结构中，唤醒员工的回应与共鸣，自己产生多样的文化体验。企业文化理念经过解码，书面语言转化为空间视觉语言，企业文化成为"体验"文化和"执行"文化。色彩、符号、图案、雕塑等可视元素，在特定时空、区域里，有序传达以价值观为核心的企业文化内涵。以管理学、文化创意、设计美学、色彩生理及心理学等多学科成果，以企业室内外空间为载体，以视觉化再现的艺术语言为形式手段，将企业物质文化、行为文化、制度文化和精神文化进行艺术可视化。通透的建筑底层空间，视线穿越内部空间，陷入一种虚体的悬浮状态，人与环境的交流将人的身体完全释放出来。高层办公空间通透的玻璃幕墙把取景口放大，视野推向了窗外的自然环境，员工与环境关系建立在与身体的互动之上。窗外公园的湖光水色、绿草荫荫、鸟鸣花香，成为工作压力的舒缓剂，环境把人的压力释放反馈到身体的感知上。

原研哉说，"用语言表达设计是另一种设计行为"。好的设计会启迪人心。环境美学是设计给人"看"，视觉语言的信息传达、情感沟通及文化交流作用——跨越语言的障碍，消除文字的阻隔，凭借对视觉构筑物的感知与理解，实现"见景生情，情景交融"的目的。当我们把企业文化的内容和故事符号化，提炼出视觉元素使之画面化，就可以识别、交流和感知。此时，通过对空间环境及物质对象的特殊造型或排列组织，展现不同的美学特征及价值取向，为观者带来审"美"的愉悦，我们从内心产生对展示物的共鸣。

数字社会是一个物理现实和社会现实充分信息化的社会，"流动性"成为时代的突出特征。其中，"流动的空间"打破地方隔离，全球与地方、现实与虚拟的界限变得模糊，环境美学也将体现出与之相适应的特征。虚拟环境的营造法则，可以最大限度地突破现实物理环境的束缚与限制，专注于信息化界面与现实界面的复合设计，即在人们原有的知觉环境上复合一层信息化、智能化的交互环境，环境美学从工作的物质容器转化为生活的精神导师。智能办公在有限的物理环境中，将墙面、桌面等环境构成界面，转化为信息交互界面来联结智能信息终端，实现万物互联与智能处理，构建具有虚拟与现实复合交互功能的智能化系统环境。

数字社会物联网、云计算、大数据、人工智能、元宇宙等技术广泛渗透经济社会各领域，人类生产力提高的同时，肆意掠夺自然资源，这是生态环境遭到严重破坏的源头。数字社会急需建立一种新的审美观，与万物对视、对思、对话，将环境伦理学中的人与环境同时作为主体，从人本主义的立场来看待环境，又从生态主义的维度来建设环境，恢复优良的生态，保护人类优秀文明成果，让员工能始终与自然环境平等以待和相互瞩望，在大自然中释怀自己、放飞自己。

费里乐观预言，"未来环境整体化不能靠应用科学或政治知识来实现，能靠用美学知识来实现"。他进一步判断："我们周围的环境可能有一天会由于'美学革命'而发生天翻地覆的变化……生态学以及与之有关的一切，预言着一种受美学理论支配的现代化新浪潮的出现"①。当代艺术家兼环境工程师约翰松在肯尼亚做过一个内罗毕河公园，最初设计的目的是治污，但约翰松并没有止于治污，而是将它做成一个景观公园。约翰松的经验集中在一点，就是将功能性造型与艺术造型统一，因而既能清污，又可以审美。约翰松认为，她最好的设计是没有设计的部分，没有设计的部分，就是自然。她利用自然界本身的力量来修复生态，同时又创造美。生态美学就是基于生态哲学基础上的美学思考，从自然与人共生共存的关系出发，探究美的本质；从自然生命循环系统和自组织形态着眼，确认美的价值。宗旨是对生态环境予以审美观照，重建人、自然、社会的亲和关系。"美国西雅图就一项水电工程，对当地娱乐资源和审美资

① J-M·费里.现代化与协商一致[J].文艺研究，2000: 5.

源所产生的影响，进行了非常复杂的论证

与评价"①。这种量化研究，力图获取环

境景观有关美的属性的具体数据，从而更

好地进行环境的规划。博伊斯在 1979 年的一次谈话中

表示：伟大艺术的标志是它完全没有自我彰显的意志，

而是完全地融入，甚至是消失在自然造化之中。

① 彭锋.完美的自然——当代环境美学的哲学基础[M].北京：北京大学出版社, 2005: 11-12.

　　从文化比较层面看，在西方环境伦理学产生之前，

中国古代文化就已经提出"天人合一"思想，儒家的

"道德之天"，道家的"自然之天"，中国文化始终把"天

地自然"视为生态整体，人的生命只是天地万物的一分

子，和其他生命形式融为一体。宋明理学就说，"仁者，

浑然与天地万物为一体"。天地、自然为"大"，人的存

在为"小"，人和万物融为一体，共同构成自然界整体，

这是中国传统文化的价值观念。景观设计师庞伟受深圳

市政府委托，为第 19 届国际植物学大会设计纪念公园，

公园建在建筑材料填埋场上，他把深圳各个有代表的地

方土样取来，堆放到公园里，一个植物也不种，包括花

草树木，仅仅建了一个"思想闪电"的梯形看台和通向

它的一条小路。各个地方的土样藏着种子，在一片荒芜中，慢慢地一天天自己绿了起来。深圳以纪念公园为实验场地，出台了"2121计划"，将要进行为期百年的自然科学实验计划，让非政府的科普组织、青少年持续观察植物的替代、大自然的运动轨迹。人、社会、自然是一个丰富的多元的完整的有机体，庞伟将植物、场域和人放在这个有机整体中，重新校正人类主体与自然客体的关系，打破人类中心主义桎梏。青海省海南藏族自治州的塔拉滩曾是沙化严重的荒漠。随着国家电投集团光伏电站的建设，曾经满是沙土的塔拉滩一步步成为太阳能光伏板的聚集地，光伏板的铺设减小了风对植被的影响，清洗面板的水会下渗到草地里，加上光伏本身的遮蔽性，蒸发量下降，空气湿度增加，草地含水量大增，下面种植牧草养羊，羊成了天然"除草机"。在光伏板的"庇护"下，电站不仅为当地提供了清洁能源，还改善了当地的生态环境。

王澍说："我在各种场合曾反复宣告：每一次，我都不只是做一组建筑，每一次，我都是在建造一个世界。我从不相信，这个世界只有一个世界存在。"于是，"营造"就成为王澍的生活方式，他选择在杭州的生活方式又成就了"营造"①。也就是"营造"适于发生在一种生命状态中，这种生命状态往往远离现实，超脱于生活，从"现场"逃离出来，否则我们将累于工作，并有可能成为工作的附庸和傀儡。出离于现实，然后再回归于现实，让现实中附加我们个人的主观臆造、情感、思想，那里中就涵蕴了我自己在里面，产品超越自我，精神产品就有了魂魄，也就从工作层面上升为生命体验。诗人里尔克说，"灵魂失去了庙宇，雨水就会滴在心上。"在诗人的笔下，灵魂需要一处安放的处所，而不能任其在风中飘动。在生活高度碎片化、虚拟化的今天，人的困境变得更加凸显，同质化的暴力摧毁了比较之物的否定性。此时，环境美学拾起那些正在失落的美的本体，让人性中最柔软的地带能有美来光顾，在美的映照里，找回企业与员工的共情、与自然的和谐，得到美的救赎。

① 王澍.造房子[M].长沙：湖南美术出版社，2016：74.

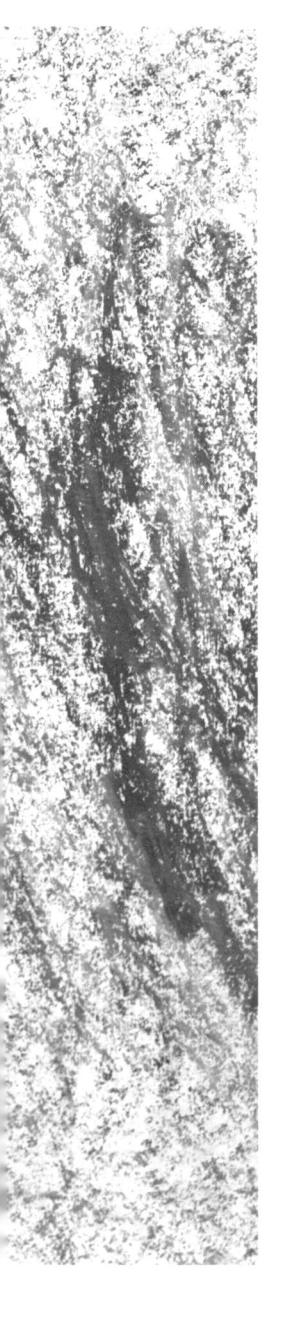

两块红色

美学目视化

数字社会人与人的交往，受虚拟化影响，人们的生活形态、思考模式及文化行为遭遇的视觉刺激达到了前所未有的巅峰。美学目视化涵盖视觉与知觉两个层面的经验过程，成为"一个跨越学科界限的交融和对话之地"。美学目视化以企业文化为坐标，从外化于形、融化于情、显化于物、内化于心四个维度切入，打通设计化、工程化、数字化三个路径，成为企业美学落地的工具箱。美学目视化具有工具理性和价值理性的双重属性。

美学研究的阿基米德点——审美经验[①]，永远也不可能是离开具体审美对象的感性特征，而总是在直接感受审美对象的造型、色彩、线条和质地等过程中完成的，是具象的、直接的、物质的、经验的，而不是理念的、概念的、非经验的

① 审美经验是指审美主体在审美活动中感受、知觉审美对象（自然、艺术作品和其他人类审美产品）时所产生的愉快心理体验，是人的内在心理生活与审美对象（其表面形态及深刻内蕴）之间相互交流、相互作用的结果。

抽象的。企业美学落地，本质是员工对企业生产生活环境进行审美体验，产生审美愉悦，升华为内化的文化理念和价值共鸣。企业美学落地的工具箱是美学目视化。美学目视化这个工具箱，是企业审美活动的可视化、工程化和数字化，以价值美学、模块美学、平滑美学、场域美学、符号美学等企业美学理论为支撑，以视觉艺术语言为手段，主观地给人们带来情感的叙述性体验设计和物质化过程。美学目视化一条贯穿始终的红线，是通过对企业文化理念的解码，把思想治理背后的逻辑转化为空间美学的视觉表达，成为"体验"文化和"执行"文化，以视觉感知、审美感应和文化感受达到企业美学的物化。

数字社会一个最重要的变量是大众审美观念的觉醒。美学目视化将审美的抽象性和企业美学的理性转换为具体的、可感的、形象的、能直接诉诸人们精神情感的客观对象。黑格尔说，"美是理念的感性显现。"所谓感性显现，是理念一定要表现或客观化为感性事物的外形，直接呈现于意识，成为能诉诸人的感官和心灵的形象。美学目视化将抽象的美学观念转换成直观的视觉形象，使企业文化具象化、可视化，也就成了企业文化传播、转译、阐释的方法、渠道和工具。这张由企业美学目视化织就的企业美学大网，覆盖全体员工、所有领域和各个环节，直至形成企业美学和企业文化的生态场域与最终实现，是企业文化的第二次生产。美学目视化使美学走出哲学殿堂，融入企业的生产、生活实践，实现文化形态的现实转换及审美精神的自觉开启。美学目视化是给员工"看"的，它发挥视觉语言的信息传达、情感沟通及文化交流作用——跨越语言的障碍，消除文字的阻隔，凭借对视觉形象的感知与理解，实现"见景生情，情景交融"的目的。美学目视化不仅创造美的企业，同时也创造美的自我；不仅关注双眼可见的文化现象和文化产物，还关注视觉背后的深层意义，把观看的方式与观看者的心理反应、地理环境和文化情景等相关问题结合，打破了审美的单一性。

数字社会"目视"，在人类生产生活中的地位得到了提升和彰显，通过"目视"的方式，获取、识别和思考各种信息，提高视觉素养，进而获得思考和行动的能力，寻找自己的精神家园和情感价值。威廉·米歇尔说，一种以形象为中心的视觉文化，不经意间形成并壮大起来，而以概念性语言为中心的文化形态则逐渐式微，标志着人类生活方式和认知范式的一种转变。

视觉文化时代的思考，意味着对于"目视"的思想性以及目视背后人的现实情境的反思。企业除了营造美的环境、美的产品和美的体验外，生产由实物向非实物转变的过程中，更需将审美的观念、审美的价值渗透到企业的生产，将美的元素直接融入企业产品，甚至直接进入资本当中。美学目视化从外化于形、融化于情、显化于物、内化于心四个维度切入，成为企业美学和企业文化落地的重要范式。

外化于形，表示外在的感性形式完美地体现内在心灵和理念内容，即理念和心灵完全外化显现为感性形象。黑格尔认为心灵、思想、概念必须借外在对象表现出来，才能实现自身，这就是外化。它通过具体形象反映心灵，使精神性获得感性形式，从而把心灵转化为客体或自身的对立面，就如朱立元所说"是概念到感性事物的外化"[①]，是美学形式的根源。

企业环境是最直观也是最常见的视觉外化形式，也是企业从传统走向现代最显著的标志之一。美学目视化的环境传达是由空间、意义、员工以及他们的活动组成，呈现出相对复杂的表征。通过企业空间及企业环境的变化，把握现代企业发展的内在逻辑，即由技术向"艺术性""精神性"转化，构建起员工与企业环境审美情感的内在联系。由此折射企业美学观念的变迁，重要的是在感知层次上建立起对人与自然、人与社会亲密连续性的体认。

建筑语言反映企业价值观念、文化符号、审美情趣等。反过来，"企业文化特征不仅体现在标识及文字制度上，更体现在对建筑概念与建筑色彩的选择、把控之上"[②]。企业建筑表皮等外化形态构成了企业文化的

① 朱立元.美学（第一卷）[M].上海：上海辞书出版社，2010.

② 陈华华."文化创意+"电力工业融合发展[M].北京：知识产权出版社，2019：58.

物质化显现，是一种呈现在视觉中的结晶成果，这些建筑外观的呈现基础，建立在隐性的并对核心概念的成立起到决定性作用的文化因素之上，是形式及风格产生的内因。

通过美学设计语言，空间环境所传达的深层文化结构，能够与其归属的文化深层结构相一致，使空间外化为企业文化的一部分。北京大兴国际机场，它以凤凰展翅的造型，昭示中国人民自古以来追求吉祥和谐的意愿，同时五座中式庭院又与"丝绸之路"遥相呼应。敦煌滑板和以故宫神兽、万里长城等为模具的雪糕系列，契合现代人的生活需求，又以这种外化的方式，彰显着中华民族传统文化的精神与魂魄。将传统元素与现代生活紧密结合的新事物、新产品，一直被人们不断地想象和创作之中。

融化于情，通过视觉艺术来传递与设计相关联的情感体验。通过企业环境、产品，产生情绪上的唤醒和认同，得到情感上的互动，最终产生认知。传统企业美学基于功能及效率进行"议程设置"，某种程度上弱化了员工的视觉性、体验性和文化性，员工很难与企业平视沟通及为企业情感输出。美学目视化背后的情感体验，才是设计真正的灵魂。要靠人的心灵去感受，能与人们进行视觉对话。同时，与情感理念的契合，能有效地传达企业文化的价值理念，突破物质和精神之间的隔离，把人们情感的关注直接融入设计，以有形的物质形式，承载无形的寓意。设计感染力最直接的作用是情感因素的深埋和彰显。小米公司邀请原研哉，用3年时间、200万美元，重新规划设计LOGO，小米新标识从方形轮廓变为椭圆形轮廓，仅仅一个简单的形状改变，确是一种内在的、精神和气质上的升级。设计融入中国传统的情感哲学，从"科技和生命的关系"，传递美好的愿景。

随着数字社会的来临，情感化已跃升为当前美学设计的核心内容，它的价值在于满足人们情感需求，带给人们内心愉悦的审美体验。从"功能控"的思维中跳脱，视觉思维的重点转移情感化的需求，将情感化融入产品设计中，达到美感和功能性的统一。"情感化设计"[①]是心

① 诺曼.设计心理学3：情感化设计[M].北京：中信出版集团，2015：49-70.

理学家诺曼提出来的，它着力解决的是缓解负面情绪，给个人内心情感赋能。美团外卖的刷新加载，是一只袋鼠骑摩托的动画，因为是送餐服务，所以时刻都在给用户传达"快"，他们的服务宗旨。反观某网短视频平台，以"只要时刻有趣着"为口号，它们的加载动画也会传达出放松的情感。在需要用户等待的场景下，设计使用符合情境的动画，减少用户的负面情绪。

情感的真实来自于人内心需求的真实性。工作空间与员工产生情感交流，获得不同的心理感受。对空间环境进行情感化设计，围绕人的情感体验，对人的情感给予充分关注，用设计来探寻和唤醒人类最真实、最丰富的情感需求。因此，以人为本成为最基本的设计原则，设计中加入软人因设计，是对室内空间环境的再创造，创造满足人们物质和精神生活需要的环境作为设计目的，将抽象性的情感需求转化为可感知的空间形式，实现人与空间的情感传递。

显化于物，是企业美学投射于我们的事物表象之中。企业美学成为产品、故事、活动、思想或观念形态，必须被观看、倾听和记忆，被物化为文件、书籍、建筑、绘画或雕塑。汉娜·阿伦特说，"人类事物的整个事实世界要获得它的真实性和持续存在，首先要依靠他人的在场，他们的看、听和记忆，其次依靠无形之物向有形之物的转化"[①]。美学目视化呈现出样式多变和内容多元的文化景观，体验"坐地日行八万里"的地域穿越，沉溺在"庄周晓梦迷蝴蝶"的白日梦境，在空间"场域"一笔一画的将企业的身份特征刻画到物质结构中；把企业文化的内容和故事符号化，提炼生成视觉元素使之画面化，用画面唤醒员工，员工从内心产生对"物"的共鸣。

① 汉娜·阿伦特.人的境况[M].上海：上海人民出版社，2017：69.

　　显化于物的设计，通过特定的造型语言，吸引人主动参与，从中获得物质或精神上的体验。为中国工程物理研究院成都基地创作雕塑《科技之石》，取用都江堰马槎石笼中的原石，用不锈钢石笼进行外表包裹，同时复制一个不锈钢原石。光滑的不锈钢表面如镜子般反射出周围的事物，将时间和空间融入环境之中，呈现出一种人工与自然和谐共生的状貌，寓意人类文明与自然相互依赖。韩炳哲说，"艺术作品是对某种文化中高光时刻的物化见证"。

显化于物的"在场性"，是设计内容存在于这个空间的依据，是人与设计作品的关系，首先体现在视觉上的在场，其次是心理上的在场。在场性设计承载了我们的记忆，员工与企业历史、现状与发展未来相遇，保持了传统文化的历久弥新，又兼具与时俱进的开拓进取。在场是文化如何介入现场空间，介入现场空间后与现场的关系，以及与空间对话产生的意义。广东南雄电厂雕塑作品《铭记》，把电厂项目建设前预制的混凝土样板选择性保留，将工程建设期间拆迁房屋留下的门牌号牌用传统"贝壳镶嵌"工艺固定在混凝土样板上。作品体现出对项目建设者的尊重和场地的记忆，《铭记》体现的是企业文化的在场性。新疆阜康抽水蓄能电站雕塑作品《岁月》，是用树的年轮为素材进行时间的塑造。将电站建设中砍伐的原始森林树墩，用混凝土进行封存，以尊重与敬畏对自然理念的表达。雕塑中的树根会随着时间的流逝而慢慢枯萎、腐烂、脱落，只留下一个空的混凝土外壳，这既是对时间岁月的抽象物化体现，更是对场地的记忆。

内化于心，是借目视化而提升内在个人美学素养，使企业员工从内心认知、认同企业美学，让人们外感于物而内化于心，内化为员工的价值追求和自觉行动，形成企业的文化生产力。内化通过"同化"和"顺应"两种机制来完成。心理学家皮亚杰认为，任何外部（刺激）影响都是通过"同化"和"顺应"这两种机能而被接收到主体认知结构中来的①。

美学素养对人格的建构与智能结构的建构起定向、调节与整合作用，一个人的审美层次决定他的人格结构与智能结构及其创造性才能的发展水平。美学素养是人的文化修养的重要组成部分，也是人文精神的集中体现。席勒说，"人必须通过审美状态才能由单纯的感性状态达到理性和道德的状态，达到自由"。蔡元培提出"以美育代宗教"的主张，就是用艺术的审美融入生活、社会、人生。美育使人更具有幸

① 同化是指主体认知结构对外部刺激进行过滤或改变而把它接纳到认知结构中来，而认知结构在同化外部刺激的过程中，自身结构也发生相应的改变即顺应。同化和顺应实质上是同一心理过程的两个方面。

福感，可以培育和健全人的审美心理结构，培养人们敏锐的感知力、丰富的想象力和无限的创造力。国核电力规划设计研究院在北京中关村环保科技园的基地建设之初，明确企业内部建造美术馆。他们强烈意识到，"艺术所培养的审美关系走在科学认识和实践活动的前面，所以它形成了所期望——可能或大致的——未来的理想雏形和模式"①。

① 诺维科桂.劳动美学[M].北京：北京大学出版社，1988：1171.

数字社会条件下，企业重要竞争力是文化牵引和美学加持。企业美学与艺术家创造密不可分，而且艺术家的创造不仅是在艺术的语义中，也包含着对社会学、审美和人类情感的探讨。企业美学因艺术家注入的时空凝结而变得更具情感化，更具人性，因此也更具未来。华为聘任法国人马蒂厄·勒阿诺尔作为首席设计师，设立了巴黎美学研究所，投资6亿美元主攻美学创新设计，多个作品被国际知名艺术机构收藏。华为科技与巴黎美学交融在一起，为科技增添了温度，也让科技更美、更独特、更具人性化。

美学思维正在重构现代商业逻辑，也改变着消费者的审美需求。乔布斯赋予了苹果手机美学价值和颠覆式创新文化，让苹果公司重新定义了智能手机。宜家、无印良品以及生活概念馆的出现，也用设计美学改变了你我的生活。当人们开始追求富有美学意义产品时，表面看是社会消费升级，但其本质是人们文化心理的转变，带来大众审美品位的提高和精神消费的觉醒。

企业美学最终落到员工与客户内心需求和产品生产中，变成生产力和产品本身，物化成可见可感可知的视觉文化与产品形态。黑格尔说，艺术品不是自然的产品，它是以人为中介形成的。美学目视化通过设计化、工程化、数字化三大路径落地，成为企业文化落地工具箱的重要工具。

设计化的本质是创造新符号、新秩序、新形式、新思路的过程，是一种创造性活动，是集科学、艺术和技术一体的交叉融合体系，涉及经济、文化、美学、材料、工程、营销等要素。设计化已贯穿在经济社会各领域各行业，呈现出多向交互融合态势。在企业生产中，设计化成为生产的一部分，是作为整体生产阶段的前奏。同时，设计化也是一种生产，一种创意生产，生产着生活中的文化，创造着生活中的文明，影响着人类的认知。

设计化的成果是生产生活观念、行为方式的体现；是将"艺术与技术相结合"等现代设计观念融入企业的生产。观念指引方向，提供方法、动力；技术可以将观念转化成为现实。乔布斯用智慧咬去一口的苹果，可谓人类用设计改变世界的最大隐喻。设计化从来没有像今天这样深刻影响着我们。无印良品用了三十多年时间，成了一个代表日本设计的国际品牌。可以说，无印良品的美学是无印良品的灵魂，抽离这个美学体系，也许无印良品还只是当初那个没有 LOGO 的杂货。田中一光将包豪斯现代主义结合日本的禅宗和物哀文化，为无印良品甚至日本现代设计指明了方向。

设计化介入企业最好的方式就是将美学的成果转化为人的真实体验，通过身临其境的体验来激发美的意识，从而创造幸福企业、达到精神的愉悦；通过物质的美学表现得到文化认同和延续；通过环境艺术、建筑表皮、工业设计等使得企业文化环境、生产环境全面提升。企业美学目视化的设计化，最终是将企业的主观意识融入环境、融入美学，价值、美学、环境和设计四者合而为一，形成一个天然的美学场域。正如黑格尔给出的艺术品基本概念：它包含一个与之相关联的目的。

工程化是一种思想而不是某种技术。工程化即系统化、模块化、规范化的一个过程。美学目视化工程化指将单个美学系统或局部设计，以视觉艺术语言为基本手段，按照一定的规范，组合成一个模块鲜明、系统性强的整体。在较短的时间内多人多专业合作，建造出一个跨领域、多维度融合项目。

工程化的意义是希望像建筑工程一样，让设计师设计好图纸，告诉工人按图施工。美学目视化的工程化，就像盖一栋大楼，用工程化的思维去施工管理，从策划、定位、预算、设计、工期、施工等等，凡事有人负责，凡事有章可循，凡事有据可查，凡事有人监督。

工程化是为了人而存在的。人是工程化思想的基础，我们只有将先进的美学思想融入过程，将先进的管理理念融入工程，才能转变为企业创新发展的源动力。华电国际奉节发电厂美学目视化设计时，首先按工程化思路进行场地调研，深入现场了解企业文化需求及项目所在地自然环境及区域历史，确定设计定位：打造充满诗意的文化园林，展现山水共融的现代景观电厂。根据历史文化及企业文化，确定企业性格色彩：天空蓝、江水绿、收获橙，分别代表企业使命、愿景及价值观；再通过概念设计、深化设计、方案评估与工程概算，进入到方案的实施与竣工验收。企业美学不仅停留在理念上和设计上，通过工程化让员工真正感受到企业美学是一个"硬件"，它生长在企业建筑空间及其环境中。

数字化企业美学实践中是"人与电脑共生"，虚拟化与融媒化相得益彰。尼葛洛庞帝说，未来的数字化世界将滋养心灵，抵御无明，分享繁盛。我们正逐渐被数字终端改造，成为物联网的一个节点或者大数据的一段数字。数字化生存是今天人们的重要生存方式，数字艺术、虚拟艺术等已成为企业美学的新形式。其中，审美活动面临的是一个融合式的语境，既需要应对媒介融合带来的内容、平台、渠道、产业等层面的形态转换，也被裹挟进技术革新、商业资本涉入的时代潮流中，全新的迭代的数字的展现出一种新的美学特征。媒介的变革以及由之而来的数字化审美实践的转换已然成为时代的共识。融合式的发展语境，促使数字化审美实践需兼顾商业、技术、媒介等多重属性，形式美感与大众感受被突出强调，大众直接介入生产环节，定制美学、朋友圈式互娱审美蔚为潮流。

"参数化设计"作为数字化设计方法论之一代表了一种全新的思维模式，为建筑及景观的形体生成、空间观念和技术观都带来了不同以往的变革。这股思潮的影响，审美也进入全新的阶段，用哲学、美学、信息技术等基本原理，用系统论、信息论、行为心理学等多维视野的架构，以哲学思考和逻辑归纳两个维度，建构起参数化美学的理论框架。

参数化设计跳出了现代主义设计方法的框架，转向对无序的、非平衡态和不可逆的设计要素作严格的逻辑分析。将自然界中隐含的美学秩序转译为控制建筑形体生成的参数，形成了参数化建筑设计中的形态逻辑。扎哈·哈迪德用参数化设计的银河SOHO，用夸张的设计风格给人极强的视觉效果，层层叠叠的楼层宛如千万个飞碟搭载在一起，不再是刚硬的矩形街区及街区之间的空间，而是通过可塑的、圆润的体量的相互聚结、融合、分离以及通过拉伸的天桥再连接，创造了一个连续而共同进化的形体。

海德格尔说，"由于建立一个世界，作品制造大地。"他进一步阐述作品与建立世界两者的关系："作品把大地本身挪入一个世界的敞开领域中，并使之保持于其中。作品让大地是大地"[1]。企业美学目视化，最终是建立一个物化的美学世界，

① 海德格尔.林中路[M].孙周兴译.北京：商务印书馆，2018：35.

这个世界是由作品构成，这个世界自身就是一件作品。当这些作品来到这个美学世界，作品也就将大地纳入这个世界，这个企业美学世界也就有了大地般情怀、胸襟和格局，艺术才真正成为艺术，美才是真正的美。

海德格尔讲的这种"制造"，在企业美学中有两个大前提：首先是作品之作品集合，这种作品不管是谁创作的，包括社会艺术家和企业艺术家，甚至是企业员工（或称为企业艺术家）作品，前提条件是构成作品，即作品能建立一个世界、"制造大地"这两个基本条件或特征。再者是构造作品之作品集合，当然这个作品集合是有主题、线索、设计、语言和文化的，是在这个大背景下的作品集合，最终构造的这个世界，也要"制造大地"，而且"世界是自行公开的敞开状态。"正如海德格尔所说，"世界立于大地；在这种立身中，世界力图超升于大地。"[①] 我们诸多作品中构建的世界，一个生活的艺术的世界，只有超越自然本身，也就是超脱于大地，才有

① 海德格尔.林中路[M].孙周兴译.北京：商务印书馆，2018：38.

可能将自身从现实世界中抽离出来，得以在精神领地做短暂的停歇，才会使我们在乏味的生活中找到生命的歇脚处，或是找到一个生命的支点。这种"敞开状态"标明作品的存在，意味着这些作品是艺术品，而不是生活中的庸常之物。也标明作为一个整体环境它本身

就是一件完整的作品，亦标明每幅作品是敞开的，每个观者包括员工都可以随时进入这个世界。它随时处于敞开状态，接纳所有员工。也就是说，"建立一个世界"和"制造大地"，这两者是"作品之作品存在的"两个基本特征，其实也就是美学目视化的一个基本准则。

企业是企业管理者的本源，企业管理者也是企业的本源。海德格尔说，"艺术家是作品的本源。作品是艺术家的本源。彼此不可或缺。但任何一方都不能全部包含了另一方"[①]。故企业职业经理人，包括从事企业文化和价值传播的经理人，同样是企业的本源和企业艺术作品的本源。反过来，企业艺术品也是企业经理人的本源。也就是说，企业作品包括企业产品、企业艺术品，来源于企业管理者和所有员工。我们强调艺术作品的创造，或者把企业美学的最终附着物都看成艺术作品，那么企业自身的实践者就是艺术家。这些作品不是凭空而来的，也不能仅仅依靠社会艺术家或大众艺术家，最根本的原创还需要企业自身去创造，包括企业的员工，但不仅仅

① 海德格尔.林中路[M].孙周兴译.北京：商务印书馆，2018: 1.

限于员工。所指的员工是企业所有的生产者、管理者、研发者和营销者，最不能忽视的是那些专业从事企业文化、价值传播的职业经理人。他们一方面要出创意、点子和观念，另一方面要具体实践、出作品和物质化，最终将价值、观念和设计完整地呈现出来，变成物质化的可感知的艺术场域。毫无疑问，真正的企业艺术创作来源于此，来源于这个群体。而那些零零星星的具有广泛意义的艺术作品，是由员工来创作的。那些系统的创意，企业价值观的阐释、传播和转译这类系统工程，也只能由企业内部职业经理人来创生。由此在数字社会里，企业里将生长出一批赋予新内涵的职业经理人，他们对应企业管理维度是职业经理人，对应企业文化维度是企业艺术家，这方面尤为突出的是企业文化、价值传播等思想治理领域里的职业经理人。企业艺术家具有职业经理人、企业文化人和艺术家三重角色，是三者的复合体。在企业管理队伍中，会渐渐生长出一批既懂企业管理、企业文化，又懂大众传播、大众艺术的职业经理人。他们谙熟一切社会艺术形式和内容，而且知道企业需要什么的艺术形式和内容。不仅知道和谙熟，还直接参与策划、创意和创作。这就是全新的企业审美时代的一个基本特征，艺术家是社会和时代的产物，一批企业艺术家跟随数字时代一同诞生。当然数字社会艺术家的概念已不同于工业社会，发生了概念的变异，虽然还不能称之为"人人是艺术家"，但艺术和艺术家与社会大众、与人们的生活愈行愈近、须臾不可分离。也只有生活在企业中间，得到企业生活的滋养，从血液到骨髓对企业有深刻的了解和关切，艺术创作才能切近企业生活的本源，切近艺术作品的本源，真理才能悬置在敞开系统中，员工步入企业环境场域，在直面感受企业美学和艺术作品的冲击，在执着与争辩中体悟企业文化的真谛。黑格尔就说，"它从根本上来说是为人而创造的，并且诉诸人的感官，多少是从感性世界汲取源泉的。"

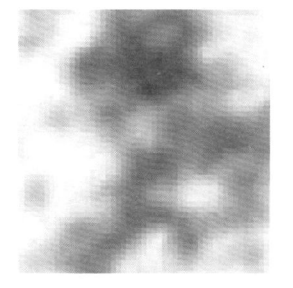

《两块红色》局部

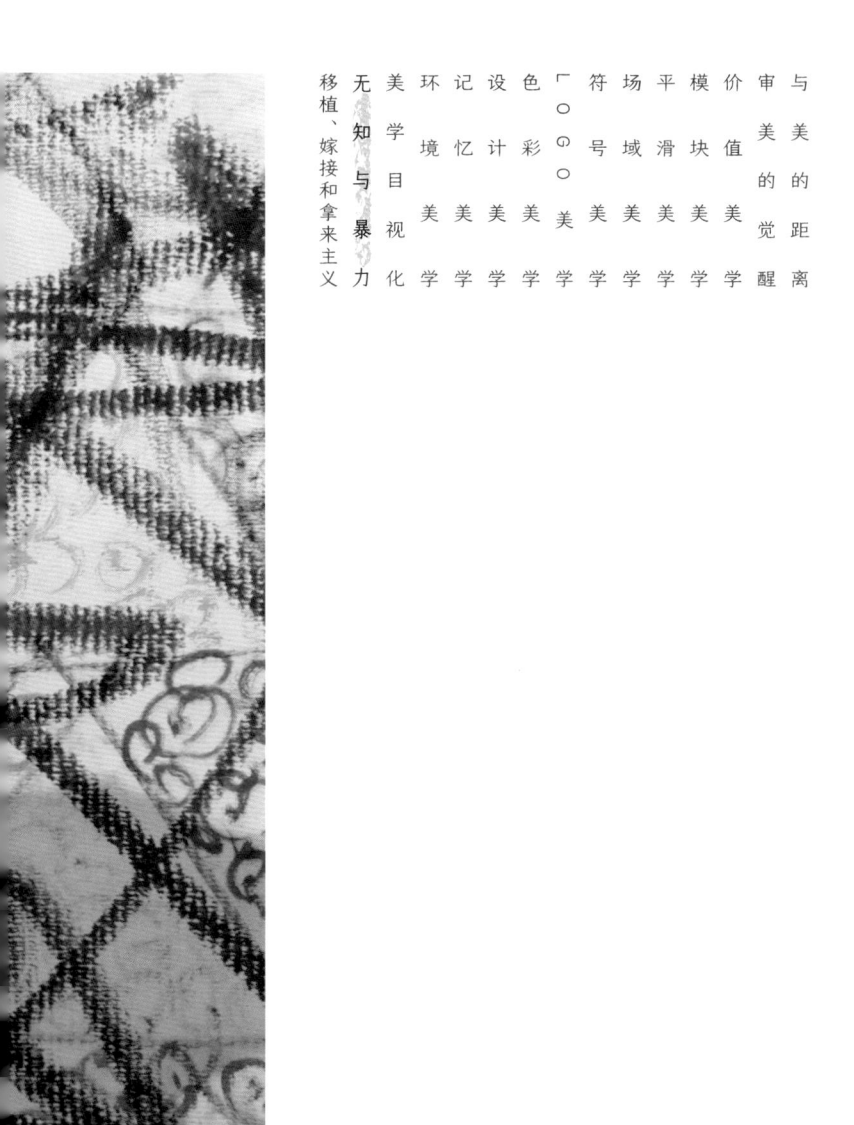

外二篇

无知与暴力

过去我有一种认知的依赖，以个人的经验以及周边企业同事的经验，去判断从事企业文化和价值传播的人的状况，并据此为结论。担心用不好色彩，致使企业价值传播缺少一种色彩感，缺少一种美感。这种认知与现实屡屡印证，让我在这一认知迷途中狂奔不已。但在 2020 年那个春夜里，伴随全球新冠确诊病例突破 60 万的关口，捧读韩炳哲《透明社会》和《暴力拓扑学》，突然醒悟："我"及"我"所目及的世界只是世界的一部分，即非世界的整体，也非事实的全部。维特根斯坦就说，"世界是事实的总和，而非事物的总和"[①]。"我"只看到了无数事实和事物，但并非"事实的总和"，"我"永远不等于"我们"。

"我"没有受过人文学科教育，但"我们"之中有人受过。将目光所及从企业移开，放到今天的数字社会，让距离的原始感消失，我们站立

① 路德维希·约瑟夫·约翰·维特根斯坦.逻辑哲学论[M].北京:商务印书馆,1996.

在透明社会面前，浓烈的色彩突然变得清汤寡水，失去了往昔的浓重、酣畅和张力。生活中随处可见色彩斑斓，生活变成色彩的海洋，色彩等同于日常，是日常生活的组件。在熙攘的生活中，色彩失去距离感、陌生感，最终失去了否定性。

过去，我一遍一遍地叙述光的波粒二相性，色彩的色调、明度和纯度，讲述色盘上的冷暖关系，种种色彩规律。而今夜，这规律、常识变得微不足道，在病毒世界面前，在 60 万个生命面前。从今天、从今晚，世界的游戏规则变了，发生了根本性动摇，我们将面对一个既熟悉又陌生的世界，重新梳理面对它的常识、本质和规律。以往因为我们对色彩常识的无知，生活工作中显得无力；今天，因为色彩在数字世界里取之不尽、用之不竭，面对色彩的汪洋大海，是另一种无力感。奥威尔说，"自由即奴役"[①]，在色彩的自由大海里，让你惊喜、纷乱的同时，是无所适从，是选择的无助，是无力的盲动。

色彩资源的数字化，导致色彩的无限性，让色彩充斥生活、生产的各环节、

① 乔治·奥威尔.1984[M].
武汉：华中科技大学出版社, 2016.

领域和时空，它让你毋庸置疑，没有选择和申辩的余地，因此也无法辨别。于是色彩演变成暴力。色彩在数字媒介中传播，充当"打手"，如手持武器的"暴徒"，只是这种"暴力"更加隐蔽、无形。这种色彩暴力，因成本低廉，易于复制、拷贝和传播，人人都可以随心所欲地应用，使这种色彩暴力如潮水般泛滥，成为消费社会的头号"打手"。色彩凭借它的先天优势，对每个人视野的先入为主，进行赤裸裸地表演，从而失去了遮蔽性，刹那的兴奋过后，美消失殆尽。色彩从清新可人转为混沌无序，从沉静内敛转为粗暴蛮横，从正面直击转为病毒性感染。

　　色彩由一种叙述语言，蜕变成一种展示暴力，直接推手是技术革命，一次又一次发明和技术革命，尤其是数字技术。数字摄影等数字技术与人的欲望一拍即合，无限性、即时性、方便性让它走上不归之路，使色彩流浪江湖。色彩在传播中的登峰造极，数字技术革命的推波助澜是帮凶。牛顿[①]在英国乡下海边小屋发现光、光的

① 艾萨克·牛顿（Isaac Newton,1643—1727），伟大的物理学家、天文学家和数学家，经典力学体系的奠基人，是百科全书式的"全才"。

折射和反射，发现光的七色，这是照相技术的始点。后来达盖尔[①]发明照相技术，让绘画走向了绝路，绘画迅速由古典主义、现实主义走向印象画派，一路狂奔，走到今天的"主义"森林。20世纪八九十年代，富士和柯达血杀市场，当富士悄然退场时，柯达胶卷却在自己的发明中折戟沉舟，今天早已不见踪影。准确地说，是时代淘汰了柯达，是数字技术淘汰了柯达胶卷。

数字摄影是透明的摄影，"没有生与死，没有命运与事件"[②]。数字摄影的无限、完美和方便，数字技术对图片、图像的色彩、画面的修改、放大、存储、拷贝、粘贴、印刷，使过去的稀少、珍贵、遮蔽，变成随时随地的展示，那种遮蔽的美消失，膜拜价值从此也不见了。在摄影技术出现之前，绘画一直追求固有色，如何接近事物本来的色彩，成为画家终生理想。照相技术出现后，画家感受到了压迫，条件色又成了画家的一根救命稻草，印象画派给了全人类一种欢喜和全新的感觉，一直延续到今天。在近一个多世

① 路易斯·达盖尔(1787—1851, Louis-Jacques-Mandé Dag-uerre)，是法国发明家，艺术家和化学家，摄影术的发明者，因发明银版照相机而闻名。

② 韩炳哲.在群中——数字媒体时代的大众心理学[M].北京：中信出版集团，2019: 5.

纪的发展中，"主义"森林遍布世界，绘画已经不关乎美，观念大行其道，观念色成为另一道亮丽的风景。就在 2020 年的春天，观念艺术大师乌雷[1] 离世，他和阿布拉莫维奇[2] 在 2010 年纽约现代艺术博物馆（MoMA）的见面，成为 21 世纪行为艺术的经典画面，阿布那一袭红衣让人记忆犹深，那两双泪眼至今还在流淌。今天看来，色彩仅仅成为观念艺术的一个筹码，但它别无选择，只能冲锋陷阵。

当下，如何让色彩留白，给色彩留出更多空间和时间，让观者"呼吸""思考"和"反省"；如何惜色如金，珍视色彩的应用，有节制有分寸地用；如何抱有对色彩原始冲动的新鲜感，始终保持色彩的社会张力。"人生若只如初见"自然最好，但人类社会已从农业社会、工业社会、信息社会大步迈向数字社会，人类青涩的青春期已经逝去，接下来要在这种矛盾中，度过色彩的余生。

[1] 乌雷（Ulay，1943—2020），原名弗兰克·乌维·莱西潘，自1971年以来以艺名"乌雷"活跃于艺术圈，他是宝丽来摄影的先驱者，是行为艺术历史中少有的几个可以称为教科书式的人物。

[2] 玛丽娜·阿布拉莫维奇（Marina Abra-mović，1946年—），塞尔维亚行为艺术、人体艺术家、导演、编剧。从20世纪70年代开始其在行为艺术上的实践，被认为是20世纪最伟大的行为艺术家之一。

移植、嫁接和拿来主义

艺术作品的创生，与艺术观念、形式、语言的广泛交流、移植、嫁接以及拿来主义的做法，有着直接的关联。中国当代艺术初始期，很多艺术创作的范式是拷贝西方，采用拿来主义。2019年叶永青涉嫌抄袭比利时艺术家斯蒂安·西尔万作品，引发舆论哗然[①]。这是今天透明社会的反映，在唾手可得的信息和知识背后，是隐私的消失、同质化的泛滥和信任的崩塌。但从人类社会发展的角度看，拿来主义是文化发展进程中的必然和规律所在，人类文明是在相互交流融合中成长起来的。

纵观中国大历史，从商朝开始几乎所有新兴政权都起于边疆，在边缘民族和中央的对立关系中进行权力的更迭和文化的演进。对夏朝人来说，商朝人是东夷边缘民族。对商朝人来说，周朝人

① 2019年3月，克里斯蒂安·希尔文指控叶永青抄袭，和以往单件作品引发的抄袭不同，叶永青被指控30年来持续不断抄袭希尔文作品。3月7日，针对网上反映叶永青个人相关作品涉嫌抄袭一事，四川美术学院发布相关声明展开调查。3月18日，叶永青朋友圈发声，否认"抄袭"。

是西夷边缘民族。而在中原诸侯国看来，秦朝人也是西边蛮夷之国，并最终统一天下。汉代以后产生一个固定模式，就是东北少数民族一统天下，占据半壁江山的是鲜卑的北魏、契丹的辽朝和女真的金朝，一统天下的是蒙古的元朝和满族的清朝，他们都曾长期生活在东北地区。因此边缘民族入主中原，不是一时一事的特征，而是中国历史的规律性现象。一波又一波的对立统一，从文化上看，每一波都是边缘民族文化的移植和嫁接的过程，这是中华文明从未中断并生生不息的重要原因，使得中华文明得以保存、丰富和成长。

当把目光进一步放开，跳出中华文明，用全球视野来看文化交流、输入、移植与嫁接，世界文明就这样一步一步地走来。复旦大学"现代人类学研究中心"采集12000名中国人Y染色体进行分析，发现中国人和世界上所有其他人类一样起源非洲，是六万多年前生活在东非（今天的埃塞俄比亚一带）的"智人"向外迁徙，其中一部分"智人"在大约三万年前，抵达今天中国的疆域。"智人"从云南和珠江流域进入中国后，迅速北迁遍布中国大地。新石器时代中国大地上出现许多个文明中心，比如北方的红山文化、中原的仰韶文化、东方的龙山文化、南方的良渚文化、西南地区的三星堆文化，考古学称这个时代为"满天星斗"[1]。分子人类学的这一结论，在世界范围内被广泛接受，成为主流认识。徐良高在《中国民族文化源新探》中说："到了约公元前4000年，我们就看见了一个会持续一千多年的有力的程序的开始，那就是这些文化彼此密切联系起来，而且他们有了共同的考古上的成分，这些成分把它们带入一个大的文化网"[2]。斯塔夫里阿诺斯在《全球通史》中多次强调："文明是在交流和碰撞中产生的"。从人类产生到文明诞生证明，一种文明能不能进步，往往取决于他能否从外界获得刺激。不同文明之间交流的机会越多，各自进步也就越快。斯塔夫里阿诺斯说："文化的进步取决于某个社会群体拥有的向其邻近社会群体学习经验的机会。该社会群体的发现会传播给其他社会群体，且这种交往越多，学习的机会就越大。"我们现代生活的

① 张宏杰.简读中国史[M].长沙：岳麓书社，2019：15.

② 徐良高.中国民族文化源新探[M].北京：社会科学文献出版社，1998.

一切，无不都是人类文明交流、交换、移植、嫁接的呈现。中国近百年来数次变革，包括政治、社会、经济、文化等各方面的巨大变革，其中一个主轴是西方物质文明作为社会生活方式和生产方式的大规模输入，尤其是中国短短 40 年迅速完成"现代化"，实现从农业文明向工业文明转型，是现实中的生动例证。我们在中国古代传统与现代纠葛日深中，我们每一个个体都体会到西方文明交流、输入、移植与嫁接带来的快感和满足。

交流、移植、嫁接让企业打破传统审美格局，滋养审美意识，释放更大的信息，让美触手可及，企业之美变得立体、多元、丰富。美将我们和经济、政治、艺术、文化乃至这个世界连接在一起，形成人类生命中独一无二的小宇宙。今天，在创造美的过程中，会找寻审美的内在联系，把一种美的枝芽，嫁接到另一种美的根茎上，让两种同质化的美成为一体并有所创新。嫁接是植物的人工繁殖方法之一，成功与否取决于接穗和砧木的亲和力，即两者在内部组织结构上生理和遗传上，彼此相同或相近，从而能相互结合在一起的能力。亲和力高，嫁接成活率就高。在审美体系下，将所需之美连根拔起，将其从原有土壤植入到另一个空间，让它在全新的环境中绽放新的生命。移植的本质是面对环境同化的压力下，走出自身独特的适应之路，在形式和表达上进行重塑和再造，但核心和精髓不变，是既包容于所处环境之中又保持自身特性的独立存在。而嫁接是把同质化的两者进行组合后产生新的审美，这种新审美在继承前者基因的基础上，诞生出全新的生命，创造从未有过的审美体验。中国龙的形象就是嫁接的文化图腾，南宋画家董雨认为龙"头似牛、眼似虾、嘴似驴、腹似蛇、鳞似鱼、足似凤、须似人、耳似象"，这无疑是多元文化元素集合的产物。美的移植与嫁接，不是单纯的模仿和垒砌，不是偶然，而是必然，是历史的产物，更是企业审美多元化的一个源泉。

西方人把中国书法翻译成"Calligraphy"，直译过来就是"漂亮的痕迹"。书法之美本质上区别于美术字的设计之美，两者之间有着天壤之别。米芾①的书法相对苏、黄、蔡（苏轼、黄庭坚、蔡襄）来说，是功力

① 米芾（1051—1107），字元章，湖北襄阳人，北宋书法家、画家、书画理论家。主要作品有《多景楼诗》《虹县诗》《研山铭》《拜中岳命帖》等。

最深的第一人，有人笑他是"集古字"。宋徽宗问他，如何评价自己的书法？他说："臣书刷字。"一个"刷"字，说明他"万毫齐力，锋在画中"的艺术特点。米芾熟识历代笔法，把精华移植到自己的书法中，在继承的同时，笔力和结体开创独树一帜的风格。王羲之[①]的字写得飘逸流畅，但这不是他书法最主要的特点，他是在一条线里把他对世界的理解和对人性本质的表达充分展现出来，在笔法中放进了他写字的方法，嫁接了他个人在这个时代存在的全部内涵。书法是一条多元的线，只不过借助文字的书写得到充分表达。企业的审美主体是员工和客户，这种美不仅仅要看起来赏心悦目，而是要在人文、环境、产品、视觉等维度中，植入企业经营哲学和审美态度。企业美学具有很强的包容性和时代性，需要把社会所有创造美的观念、方法、工具、手段拿来为我所用。

　　企业美学中一个重要思维模式，是善于"抄袭"和"借用"，这是第一个维度的"移植"。同事在大学期间

> ① 王羲之(303　361)，字逸少，东晋时期书法家，有"书圣"之称，代表作《兰亭序》被誉为"天下第一行书"。在书法史上，他与其子王献之合称为"二王"。

常去美术馆看展，老师说看一场展览要学会"偷"。既一幅作品在整体布局和构图上的借鉴和思考，是学习他人表达情感的方式和方法，是揣摩作品背后的人文情怀和要说的话。哲思与人格力量是艺术的灵魂，所谓"偷"就是学习、借鉴、体悟，从中"悟"出他人的思想、情怀和观念。体悟和学到了，就成功地"移植"了；他人的思想、观念、方法与自己的发生了化学反应，就完成了"嫁接"。在艺术观念、形式、语言等任何方面发生的变化，即使是一个小小的笔法上的创新，那也是"嫁接"的成果。本质上讲，艺术创作中永不停歇的一个基本规律，就是一个人或组织不断向外部世界索取和吸纳，其中最为常用、最重要的手段就是移植和嫁接。

当代中国绘画风格是民族文化与西方文化两者的包容并举，是多元文化交融的美学形态。周韶华 ① 在"横向移植"的艺术观点中提到，一个现代形态的东方艺术大风格的形成，是民族文化与西方文化二者的优势互补与融合，是两种文化交融

① 周韶华，1929年10月出生于山东荣成市石岛，著名画家、理论家。代表作《渤海湾的晨光》《黄河魂》《狂澜交响曲》《九龙奔江之一》，出版《抱一集》《面向新世纪》《大河寻源》《感悟中国画学体系》等艺术评论集。

撞击的火花。今天，我们看到的中国现代艺术，既向传统纵深索取，又向全球索取，实现横向移植，最终超越传统。通过借鉴与优势互补，把外部文化的精髓纳入新艺术的形态结构中，溶为血肉之躯，东方艺术才有了世界语言。通过交流、移植、嫁接，与外部世界对话，保持艺术独有的原创性。《东方红》的曲调取自陕北民歌，1943 年陕西葭县（今佳县）农民歌手李有源依照《白马调》编写一首长达十余段歌词的民歌《移民歌》，延安文艺工作者将《移民歌》整理、删修成为三段歌词，改名为《东方红》。电影《神奇动物在哪里》出现了《山海经》里的仁兽"驺吾""鸣蛇"。时尚圈的品牌也把这些"神奇动物"移植到了 T 台，上古的凶兽"穷奇"在 Guccl 的奇幻世界里。华为建立了一个"华为宇宙"，网友调侃"华为人带着本《山海经》在搞创新"。企业美学需不需要原创？毫无疑问需要原创，但 99% 需要交流、移植、嫁接而来，1% 是过程中产生的原创观念、思维和美学产品。

对于一个从事产品生产的企业来说，移植与嫁接显得尤为重要，好的艺术观念、方法、手段是基因的"优选"，是重组新生的过程。企业美学应穷尽一切方法，把所有表达美的理念、方法和语言拿来为我所用。国家核电的《我们种太阳》这首歌，采用王赴戎、徐沛东作曲的儿歌《种太阳》曲调，员工自己创作歌词，表达建设核电让世界温暖、光明的美好愿望。国家核电的"三和文化"，就是将核电文化、传统文化中的"和"文化一并移植其中，打造成"以核为先、以合为贵、以和为本"的"三和文化"，让企业文化在兼具行业特点的同时，更具厚重的民族文化沉淀。国家核电与中电投集团2015年重组整合，在国家核电"三和文化"与中电投集团"仁、诚、和、实、优"五元核心价值观基础上，碰撞、交融、创生出新的企业文化——"和文化"。企业文化移植与嫁接，无疑是学习创造美的途径。打破企业传统美学的桎梏，发现企业美学的内在规律，孕育美的意识，这既会变成一种约束的经验，又能从中体会到消费的乐趣。

传统艺术守住自己的边界，在既定的圈子里打转，这是它的宿命和悲剧。李可染[①]说，"用最大的功力打进去，用最大的勇气打出来"，这是他对传统绘画的态度。企业里的现实常常是，很多人打不进去，自然也打出不来。现代艺术不受风格局限，触角伸向周边艺术，跨门类、超门类综合融汇，野兽主义、立体主义、未来主义、表现主义、达达主义、超现实主义、抽象主义、波普艺术等艺术流派诞生源于此。版画的黑、白、灰效果，水彩画的水韵和情调，油画色彩的冲击、厚度，诗歌的意境和押韵，音乐的旋律和节奏，现代设计与建筑结构，云门舞集的舞蹈书法等跨界创新，让艺术呈现多元、多彩和丰满。当代艺术再讲艺术流派显得过时，流派只有在讨论艺术形式和自由受到制约时才有存在的必要。马克思说，"艺术是人脑对客观世界的反映"。康定斯基说，"任何艺术作品都是自己时代的孩子，它常常还是我们感情的母亲"[②]。艺术仅仅是我们生活记忆的一个投射。安塞尔姆·

① 李可染(1907—1989)，原名李永顺，江苏徐州人，中国近代杰出的画家、诗人，齐白石的弟子。代表画作有《漓江胜景图》《万山红遍》《井冈山》等，代表画集有《李可染水墨写生画集》《李可染中国画集》《李可染画牛》。

② 康定斯基.艺术中的精神[M].北京：中国人民大学出版社，2003: 3.

基弗[①]（Anselm Kiefer）在他的作品中直面德国纳粹历史中萦绕不去的故事，并与"遗忘"进行着不懈的斗争。而马克·罗斯科却说："我从不认为绘画是一种自我表达，绘画是自我和他人进行的一切关于世界的交流。"偶然的触动是一种燃烧，而内心的感悟、淤积、块垒和冲突是创作的内在动力，画家找到了一个生命的辩手，有了宣泄、沟通、交流的对象，马达开始发动。至于交流是否正确那不重要，重要的是交流，交流他对这个世界的看法。正如马克·罗斯科[②]说：绘画"改变了我们观看事物的方式"，艺术实践也就上升为"一项重要的社会行为"。当艺术家在更高层面上综合吸收，从界外艺术中撷取语汇，从符号结构到创作手段等诸多元素中移植和嫁接，一旦新的创作灵感被激发，艺术家的个人行为也就转化为了社会行为。所以，艺术的本质是感性认知到理性认识的升华，是自由、突破、创新精神在审美、

① 安塞姆·基弗(1945—)，德国新表现主义代表画家，被公认为德国著名的当代艺术家和美术家。曾被誉为"成长于第三帝国废墟之中的画界诗人"，他的作品隐含一种饱含痛苦与追索意味的历史感。代表作品有《圣像破坏之争》《铅铸图书馆》《Margarethe》。

② 美国抽象派画家马克·罗斯科(1903—1970)生于俄国，十岁时移居美国，最初的艺术是现实主义的，后尝试过表现主义、超现实主义的方法。后期逐渐抛弃具体的形式，形成了自己完全抽象的色域绘画风格，是抽象派运动早期领袖之一。代表作《蓝色中的白色和绿色》《白色中心》。

思想和价值观的集中表达。任何一种艺术形式，都要通过自由打破固有的范式，用思想观念和表现形式进行突破，最终创造出一个全新世界。有人称杜尚是严谨认真的艺术家，也有人说他是艺术花篮中的一条毒蛇。杜尚说，"生活就是艺术。"他一生都在追求真正心灵的自由和形式的突破。他的作品《泉》之所以被写进艺术史，正是他自由观念带来的艺术表现形式的无限可能。

1995 年，乔布斯接受《连线》杂志采访时说，"创新就是找到事物之间的联系。他们能把自己过去的经验连接起来，造就出新的东西。"企业美学将外界所有艺术观念、方法、手段连接组合，为企业所用，用百分之九十的社会美学，百分之十的企业特质，创造百分之一的企业专属美学语言。艺术表现没有尊卑之分，一切有利于企业美学的社会经验都可为我所用，让员工第一时间接收到不同美学潮流，不断刷新视野，加以咀嚼品味，赋予企业美学新的生命力。石涛①说，"无法而法，乃为至法"。企业不被传统方法

① 石涛(1642年—1708年)，姓朱，名若极，别号苦瓜和尚，明末清初著名画家、艺术理论家，是绘画实践的探索者、革新者，与弘仁、髡残、朱耷合称"清初四僧"，代表作品《石涛罗汉百开册页》《竹石图》《巢湖图》，著有《画语录》十八章。

束缚，按照艺术规律进行自由创作，借鉴与吸收，探索与扬弃，达到审美的至高境界。艺术是心灵与自然的无声对话，核心是用内心去照见物象与自我，创作出一种长久的感动。石涛所讲的另一层含义是用尽一切办法去创作，用一切人类创造的艺术观念、手段、形式、语言，创造企业独有的美学体验，是企业美学的精髓。设计构架"云上沙龙"①，首先借鉴"反脆弱"理念，疫情期间让十余万员工一同在云端讨论企业如何发展，打造国家电投的思想市场，应对后疫情时代的不确定性，做特定历史条件下员工的思想工作，开启员工与集团公司最高决策层言论的"直通车"。"云上沙龙"背景设计，参考借鉴国内外经典设计案例，将"沙龙"的概念、风格、主题提取形象元素，从企业视觉形象要素中萃取造型和色彩，嵌入企业视觉传达的专有元素。

① "云上沙龙"创建于2020年2月全国爆发新冠病毒的疫情期间，是国家电力投资集团公司全体员工沟通思想、交流工作、汇聚众智的网上平台。

　　企业发达到一定程度，美不仅需交流、移植、嫁接，更需创新和创造。苹果公司从 2007 年的 iPhone

到今天的 iPhone13 pro，历经 14 年全球品牌塑造，苹果遵循平滑的审美原则，它的原创性即使今天回望也毋庸置疑，成为这个时代的标签，甚至变成一种信仰。从国有企业生产力和企业美学发展水平看，嫁接移植可以满足企业在生活生产中的美学需求。在创新创造的同时，需要不断地吸收各种美的元素，集合创造美的观念、方法和工具，交流、移植和嫁接也是需要持续不断地进行，这既有企业自身审美发展的需要，又有社会发展尤其是精神渴望，客户对企业产品的刚性需求。人们物质需求满足后走入精神生活，追求审美的乐趣。但历史也有另一面，宋朝在 319 年的历史中孕育了中国美学的最高境界，虽然"积弱积贫"，但士人精神层面的强大追求让宋朝"越困顿，越美"，宋人点茶，喝的不是茶，而是一个身心愉悦的审美过程。人类社会创造美，无时无刻伴随人们的生活，滋养我们漫步前行。企业一直引领这个时代，创新创造是它的天然属性。

第二次鸦片战争后，中国兴起洋务运动，引进西方先进技术，促成了中国近代工业兴起。改革开放以后，中国迎来了真正意义上的与西方接轨，首先解决了技术、产品、管理等生存前提。今天，我们与世界一流企业比肩前行，物质变得越来越丰富，人们开始追求品质、内涵和审美，追求精神层面的东西。这时，企业如何看待审美？企业不直接生产文化，但文化对企业影响是巨大的，因为它影响了员工的审美，员工的审美影响了企业审美，从而影响了产品和顾客的审美。产品附加的审美功能决定了产品在市场中的竞争力，员工审美与非功能性生产力决定了产品的市场占有率和顾客的消费快感，审美在资本生产中变成了主角。此时，企业把社会审美思想、观念、方法、要素的99%都拿来，懂得拿来，敢于拿来，善于拿来。在这个基础上，再产生1%的创新，而这1%是企业醍醐灌顶的觉醒。

借鉴、学习、吸纳各种养分，关键不是成为美学达人，而是有美学的基本常识。当前企业美学的主要任务，是把所有美的观念、方法、工具、手段排列重组，会用、能用、敢用、善用，这是企业美学成长的原点。小林秀雄[1]在《近代绘画》论莫奈[2]的画说："色彩是破碎了的光。"这是他对莫奈画中色彩最精准的比喻，源于小林秀雄对色彩基本常识的认知。创作企业之美，需要我们对艺术的门类、语言、观念有一个全面的把握。对于艺术和美，同样要有常识。谈绘画，首先得知道造型、构图、线条、着色，然后才讲究笔墨、情趣，讲求画面的浓、淡、干、湿。

彼得·帕克[3]被一只基因工程改造的"超级蜘蛛"咬了一口，他的 DNA 被植入多种蜘蛛基因，由此发现自己身体发生很多变化，力气更大了，眼睛也不再近视，反应和行动速度大幅加快，手腕能放出强韧的蛛丝还能飞檐走壁。这是美国漫威电影对基因重组的科幻演绎，除了阐释美国的个人英雄主义外，也体现美国文化的一个鲜明特点：不同文化并存，它们互相交流、互相促进，形成一个文化大熔炉。有人把美国文化称为"鸡尾酒文

[1] 小林秀雄（1902—1983）出生于日本东京市神田区，毕业于东京大学文学部法文科，日本著名的作家与文艺评论家，是日本文艺评论界的灵魂人物，代表作品《鸭和龟的儿子》。

[2] 克劳德 莫奈（1840—1926），法国画家，被誉为"印象派领导者"，是印象派代表人物和创始人之一。代表作《日出·印象》《卢昂大教堂》《维特尼附近的罂粟花田》《睡莲》《干草堆》。

[3] 彼得·帕克，美国漫威英雄人物蜘蛛侠。

化"，它源于对一切有利因素不断地移植和嫁接。韩炳哲说，"美的本质是长久以来发生的事情、产生的想法之间的神秘关联"[①]。企业美学需要在孕育美的过程中，秉持移植嫁接的态度，用

① 韩炳哲.美的救赎[M].北京：中信出集团，2019: 68.

一切可用之力把世间美好为我所用。用你的眼睛发现美，用你的耳朵聆听美，让企业的视觉看到美的本质，听到美的声音，用多元的美创造企业的生活之美。

交流、交换、移植、嫁接与其说是文化成长的诸多方式，还不如说是文化成长的自然法则。文化就是这样自然而然地按照自己的生长规律，在漫长的历史长河中，人类众多大大小小的文化支脉，如万千溪水河流，用那只看不见的手的巨大自然力量，交流、交换、移植、融合和嫁接，经过数万年的努力，将人类文明从涓涓细流孕育发展成今天蔚为壮观的宏大景象。当然，全球化作为人类文明交流、交换、移植、融合、嫁接的眼前图景和现实结果，既不会终结，也不会停止，就如大江大河的人为截流和筑坝，都是一时一事，自然法则的内在力量终将让河水滚滚东流。

企业是城市的另一种街头

杨茜 *

一切坚固的东西都烟消云散了。除了都市生活的两点——家和企业——根据劳动时间分配的身体空间。从政治经济学的角度,家和企业都是生产单位:家是"隔离",是封闭空间对家电的使用与支配;企业是"社会面接触",是"在群中"的校准与链接。

还有什么途径可以回家?不是置身某个物理上的空间,而是回到一个心灵构建的世界。海德格尔喜爱在林中小径徘徊,但他崇尚的"自然之家"如今在城市难觅踪影;利奥塔继而走入钢筋丛林,试图重建一种后现代体验:"如何居住证在大都市呢?通过见证不可能的作

* 杨茜,中国人民大学美学博士。

品，通过提出失去的家。"只有我们将大都市规定为不可居住的，我们才能居住在大都市；只有我们将城市、企业、甚至是家庭都视为"非家"，才能重获"在家"的自由与舒适。

企业是城市的另一种街头。《在于美 企业文化落地工具》正是一次对企业文化——如"家"般闭合系统的突围，目的是走入更开放、更有机的绿色空间。作者犹如在"单向街"上浪游的本雅明，善于捕捉那些同时包含了肯定性与否定性的"辩证意象"：无论这些意象表征的是繁茂还是衰败，都蕴藏了生命之"灵韵"，足以调节"劳动关系"的僵硬和"劳动工具"的粗笨；这些意象与"劳动生产率"并不直接关联，但其在视域和心灵生成的双重幻影，可以为"单向度的人"带来某种美之救赎。

场域："不同时间点对同一地点地占据，或不同地点对同一时间点地占据。"在重复中成为熟悉，在熟悉中成为永恒。一个工位就是街区，着装的色调、环境的气味、垃圾桶的距离，目之所及，皆是风景。沙龙：一种街区十字路口的探险，考证、分享与共鸣，使场域生成差异性气候，形成绵延的四季。

符号：或曰信息的涂鸦。媒介：或曰街道的墙壁。LOGO：涂鸦墙上凝缩的标题，聚焦、放大、召唤更多的情感聚集。

污染：符号是街头空间资源的占用。米歇尔·塞尔倡议一份"自然契约"，因为"商标是文字的残渣，广告是视觉的残渣，宣传是音乐的残渣。""硬污染"是无节制的工业废弃物，"软污染"则是信息排放的过度。

治理：不是驯化或单一化，而是在被污染的环境中，将目光和思想纯净化、精致化，将一个冗杂的意义生成系统，指引到街心花园的交叉小径。

模块：上手的园艺工具，一种可拆卸并可被任意组合的拼贴技艺。滤镜：由程序预制的模块，并不断通过用户复制自身的审美范型。平滑的技术将荒野变成花园，让人的视觉变成机器的视觉，只能欣赏杂草丛生，花朵艳丽，却不能领会画布上一块白色的方形——那些不呈现任何美丽事物的东西。

数字：被数字化了的日常生活，被IP和ID指代的"日活"。交叉小径中心有一块镜子，穿过界面就能达到另一个虚拟街区。这里不再需要脚掌测绘土地，技术的假肢足以让人在信息高速公路失重。速度模糊了身体的轮廓，街道的肌理却变成了更高清、更逼真、更大分辨率的图像。不断翻转与伸缩的全视之眼，可以窥视街道上的每一张面孔，但它们却不再有时间成为"辩证意象"，只能被囚禁在大楼的某块屏幕中，被储存为不断回放的影像。每一天是新的一天，每一天都像新的一天。

马克思：一切坚固的东西都烟消云散了。鲍德里亚：为何一切尚未消失？为何不创作一种"消失的艺术"？在日常经验目视化的时代，消失的艺术，不是用一个坚硬的外壳阻隔变化的环境，而是以一种不可见的、隐微的、柔软的姿态，活生生的在场。被家和企业驯养的都市人，何以证明自身的有机？需要如本书作者所说的那样，以"一种经验的、朴素的、真实的价值输出"，拯救虚拟的匿名和精

神的躺平；需要以一种闲逛的目光，摆脱技术对注意力的
规训与配置；需要以一种漫步的姿态，对抗速度对身体和
记忆的擦除与遗忘。

一切坚固的东西都烟消云散了，就让它迷雾般的消失，
直到一颗"硬核"的思想，召唤逃逸的灵晕结凝成雨。
在雨中，丢掉伞吧，呼吸、喘息、喷嚏，一切偶发的症
状都被接纳，一切被封存的能量重新附体。城市的生态亟
待修复——只有当企业变成街头，街头变成自然，我们
才最终体会到什么是宜居。

核心价值观

思想
治理

使命　　愿景　　战略

价值
传播

企业
美学

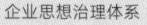

	真诚	常识		组织	管理	流程	平滑美学	符号美学
	平视	倾听					场域美学	价值美学
载体	模块	流量		人才	制度	工具	色彩美学	LOGO美学	设计美学
图像	声音	品牌	媒体				记忆美学	环境美学	观念美学

企业思想治理体系

后记一

平行世界里的一把钥匙

这本小书写作近一年的时候，遇见《在野之学》。第一感觉是惊喜，是漫漫长路中碰到知音的惊喜。

30年一路走来，生命的际遇让我与企业有不解之缘，悠哉乐哉，凭着自己的兴趣爱好，实践、反思、总结，随心所欲，信马由缰。最近10年，才由点及面、由表及里进行系统的沉淀、梳理和架构，着眼时代方位下的企业文化，想提供一些鲜活的观念、方法和工具，用自己的逻辑推演、构架、表达，构建数字社会具有中国企业特点的企业文化体系。基本上，是在追求一种经验的、朴素的、真实的价值输出，根源是对企业生活的长期浸染、体察和追问，并无学术的初心。细细品读贺雪峰先生关于中国社会科学主体性这一主张时，惊喜地发现，我们自发、自觉走过的路和正在走的路,与华中乡土派的治学理念和方法不谋而合。准确地说,是我们的研究方法暗合了他倡导的饱和经验法,也就是贺先生总结提出的中国社会科学研究的方法论:大循环、经验质感和饱和经验法。这对于攀登在半山腰上的我们而言,不啻是一张意想不到的登山地图,让我们心生欢愉的同时,信心满满地坚定了去路。此时此刻,拿到了一把钥匙,打开了平行世界的大门。

写这本书的原初动因,是我们目睹世界的快速发展和企业的快速迭代,企业管理实践与时代同频共振,而企业管理理论尤其企业文化却始终停留在数字社会的门口,企业文化理论仍然停留在工业文明和信息文明的交界处,停留在20世纪80年代的理论框架内。糟糕的现实是:一方面,从事企业文化研究的人,细数企业文化理论和现实中的例证,如数家珍般滔滔不绝,可对现实企业实践中问题的解决和指导,总有一种隔靴搔痒的感觉,始终不能一箭中的地解决现实渴求。另一方面,现实中的企业管理者和企业文化工作者,面对纷繁复杂的企业管理实践日益渴求理论,可只能沉浸在旧有的企业文化理论之中，沉浸在轻车熟路的经验路径之中，不能自拔。屡屡看到将企业文化与战略融合、与管理融合等这类似是而非的观点，还在一些企业文化理论的皮毛中游戏。究其原因，实践大踏步向前发展了，企业管理实践的脚步已经走到21世纪20年代，可理论还是半个世纪前的理论，企业文化还是"三大体系""四大体系"，它已无法满足企业发展的需要，企业文化理论已无法支撑现代企业管理的实践。理论创新严重滞后于管理实践，企业文化理论的梳理、提炼、概括、总结与企业改革发展与经营管理的需求严重脱节，造成今天企业文化理论研究者的尴尬境地。

我们出发的始点是彼得·德鲁克，始于他的基本观点："管理是一种实践，管理要面对的是一个社会、一个人性的世界"。15年来，我们直接参与了3个中央企业文化样本的整体梳理、构建和实施，自始至终。国家电投集团企业文化建设获2018年度电力行业管理创新大奖，获中国企业家联合会2019年度全国优秀企业文化特等奖。迄今为止，陈海华在电力、房地产和文旅企业工作40年，我在铁道部(中国铁路总公司的前身)、地方国资委和中央企业工作30年，伊廷瑞、蒋昊宸、边心、刘毅、张阳也都在企业工作十数年，而且都与企业管理和企业文化有直接的关联，这是我们开展此项工作的前提。我经常和团队伙伴们讲，不要想着书是否畅销，市场如何，而是如何把数十年企业文化实践的体悟、认知和升华提炼萃取出来。我和昊宸说，把这15年企业美学实践概括提炼出来，就是一个伟大的胜利。总之，团队伙伴多年在企业直接从事企业文化管理工作，这是我们工作的底气和出发点，通过充分地观察经验对象，自然会获得关于经验背后一般规律的认识，这就是"饱和经验法"。可以说，我们与贺雪峰先生不谋而合，"理论提升源于对经验现实充分认识之后的自然而然的结果"。

"饱和经验法"是方法不是目的，目的是在广泛接触经验事实的过程中形成"经验质感"，即通过"饱和经验法"使得研究者能够获得"经验质感"，这是贺先生理论的一个突破点，也是他最重要的观点。对此，他概括为："经验质感就是透过现象看到本质的能力或敏感性，是经验研究中的直觉能力，是正确提出问题的能力，也是见微知著、还原现象的能力，是一种经过长期训练而获得的熟能生巧的能力，是一种身体本能。"可谓画龙点睛，又精彩之极，是他社会科学研究方法论中的神来之笔，将可意会不可言传转换成言之凿凿的"言"，即他的观点。并进一步明确，这种经验质感不同于每一个人在生活中形成的生活本能，"只有经过反思的和专门训练形成的经验质感才是发现问题、创新理论的能力。"现在回头看，我们这3本书的主要观点，几乎都来自"经验质感"的意外惊喜，它们在工作、读书、会间、演讲等不经意中，悄悄地不动声色地来到人世间。最早的雏形——"十二个关键词：精神的原因和结果才是锋利的刀刃"，是2015年国家电投集团企业文化骨干培训班的讲稿，那时的色彩、艺术、设计、平视、传统、参与、灵魂、场、企业家、团队、社会、生活12个关键词，与今天成书的3个体系已相去较远，但依然能看到最初的影子和基因。由此经过七年的演进、提炼、聚焦，最早成型《新沟通　企业文化传播观念》涵盖的12个关键词，其间围绕这个主题有10余次演讲，可见"经验质感"也不是一蹴而就，一下子把什么事情都想清楚的，也要有一个渐进的过程。"思想治理"这一概念的提出，是为中国企业文化研究会2016年深圳峰会准备演讲稿时灵光一现"冒"出来的，把它作为企业文化第5个阶段的一个浓缩和概括，我认为再适合不过了。"六个时序"来得也非常偶然，2019年参加年度电力奥斯卡，确定了"我们如何与这个时代说话"的演讲主题，准备好了演讲文稿和PPT，在去泸州的飞机上一觉醒来看讲稿，随手根据数字社会带来的深刻变化写出5个时序的名字，后来又补充了"读写时序"。更有戏剧性的是《在于美　企业文化落地工具》的框架，始终不大满意，但"经验质感"告诉我们它就在那里，是一套完整的体系，这一点我非常坚信。一年后的某一天，正值国家电投第二次"一公里"企业年度展开展，我在读一本关于美学的书，不经意在扉页写下：模块美学、平滑美学、符号美学、场域美学、价值美学、色彩美学、LOGO美学、设计美学、记忆美学、环境美学，过去一年的迷雾瞬间阳光明媚。回望曲曲折折的来路，"经验质感"成了链接经验与理论、生活世界与观念世界最直接的通道，在数十年企业文化工作浸泡中由此如鱼得水，让我们获得了一种直觉、反思和觉悟的能力，从工作经验直接升华为理论。我们是"经验质感"的直接获益者，今天大梦初醒。

当然"经验质感"的前提，也就是"饱和经验法"，在贺先生的工具箱里有三条原则：不预设问题，大进大出、总体把握，关键在于重复。我在央企工作已15年，团队无论人多人少，各个业务板块一直是打通的，以项目制组建工作团队，采取1+1+N的模式，一个部门主任，一个项目经理（处长），若干成员。项目实施过程中，每个人思考解决的问题都是各不相同的。这样数十年下来，每个人既有对案例经验的深刻理解，又有对企业文化工作完整经验过程的感觉和把握，由此很容易形成经验质感。最有意思的是，期间每一个成员一而再、再而三地参与实施一个主题项目，好声音、好故事、新春和会、"一公里"年度展等文化项目都是数年连续进行。比如，《和》杂志办了13年，出了157期。将时间连贯起来，对于一个团队而言，就企业文化我们从来没有预设问题，而是一个项目一个项目实践、实践再实践，总体把握、总体考量，去粗取精、去伪存真，蓦然回首，我们恍然大悟。

这一次集体创作，我们采用的也类似于贺先生经验质感的具体方法，即"多点调查、区域比较""集体调查、现场研讨""不分专题、全面调查"。我们7个人组成研究团队,用"1+N+1"集体研修的方法,从2020年2月4日始,每个周末拿出一两个小时时间,密涅瓦的猫头鹰在云端起飞。每次聚焦一个方面内容,一位小伙伴作主题发言,其他人自由表达见解,最后由我来点评总结。一期一题,我们在畅所欲言中碰撞思想,离地三尺、俯瞰大地,交换经验、切换视角、遇见"他者",保持经验的敏感兴奋,实现经验的共享、倍增。贺先生说,"集体调研是形成经验质感的最好办法",同时他申明"经验质感的形成不是从调查结果来总成而是在调查过程中慢慢积累起来的。"我们的体会是,经验质感不是从企业文化实践结果中来总成,而是在企业文化实践过程中慢慢积累起来的,我们的数字社会企业文化研究项目,类似贺雪峰先生的农村调查,两者有异曲同工之妙,最终都是经验累积和长期浸泡、长期反思。

人类学家项飙说,"所谓知识就是对世界上发生了什么事有根有据地了解,从这里开始,去观察,去沉淀,慢慢沉淀出底气。"改革开放40多年,中国社会快速发展和变迁,提供了独一无二的中国速度和日新月异的中国样本。这些活生生的中国经验，颠覆了西方主流社会科学现有的各种解释模式与理论模型。过去30多年间，我们从企业、企业文化这个中观视角观察时代、解释时代。在企业管理实践的长期浸润中，反复穿梭在经验和理论之间，尝试去回答几个问题：我们所处的这个时代，究竟是一个怎样的时代？在不确定成为显性特征的当下，企业如何获得确定？中国企业新的秩序、新的活力从哪里涌现？在秩序形成的过程中，文化何为，何为文化？

这3本小书，脱胎于实践经验，是行动之后的思考，经验之后的提升。在现实的企业管理工作中，我们越来越体悟到，企业管理理论全部源自企业生产生活，遵循实践、理论再到实践的跃升逻辑，即实践—理论—实践这个"大循环"。我们始终坚持经验质感，提供视角、制造概念，将大量企业管理中的时代火花、闪光思想和经验做法，从文化视野纳入大时代的生活逻辑，推演出有中国特色的企业文化体系——企业思想治理体系、企业文化传播体系和企业文化落地工具体系。企业思想治理体系讲企业文化的基石、原点和理念，奠定大的逻辑；企业文化传播体系讲传播的观念、价值和方法，提供中观视角；企业文化落地工具体系讲企业文化的规律、原则和工具，形成美学目视化的微观模块。无论逻辑、视角还是模块，坚持从A、B、C这些基本问题谈起，瞄准一个点打竖井、深挖井，试图打开一些当下还没有人或很少有人进入的领域、思考的维度和探究的方向，一则为企业文化理论贡献中国人的智慧，二则更为大胆地期盼，可作为当代中国企业文化研究探路。

正所谓"书读百遍其义自见"，获取"饱和经验"离不开大量的经典阅读。2年来，每周拿出一些时间，静下心来集体研读海德格尔、福柯、许倬云、李泽厚、埃德加·沙因、韩炳哲等大家著作，分享交流科学、哲学、历史、文化、文学、艺术、管理等多元内容，积累知识，打开视野。我们坚持自主阅读，一字一句读原著，反复咀摸体会，在不那么轻松的思考过程中日积月累，养成理性思维习惯，提高逻辑思维能力。我常和伙伴们说：写文章不是目的，学会独立思考、独立判断、构建起内心的秩序来应对外部世界的不确定性，才是第一位的。值得欣慰的是，在成稿的过程中，我们每个人都往前走了一大步，得到了不少新的东西，有的人甚至实现了质的提升，发现了全新的自我。如此讲来，这3本小书已成为我们生命旅途中深深浅浅的脚印。

诗人里尔克说："请你走向内心。探索那叫你写的缘由，考察它的根是不是盘在你心的深处。"在这个喧嚣浮躁的时代，在这个写作可以贩卖套路的时代，我们走向内心，写那些不吐不快的想法，让每一个文字自然流淌。

荆玉成
2021年冬

后记二

生命的高光时刻

梁启超先生说，"凡人必常常生活于趣味之中，生活才有价值。"人有一癖，以真性情痴嗜于一物，自可养得逸气满怀。它可以是心中的一方山水，也可以是室里的一件器物，甚至可以是庭前的一株草木，让我们摆脱物质的束缚，进入一方精神的桃源。2008年北京奥运会前夕，季羡林先生为拙作《汉代画像石上的人文与体育》题写书名，当时他说："汉代画像石生动地再现了汉代社会的各个方面，是一部博大精深的汉代史诗，是金石学研究的重要内容，清代乾嘉时期搜访考证金石成为当时的一种时尚。"受这番话的启发鼓励，计划退休后专心研究汉画像石艺术，把癖好与时尚、考证与艺术结合，与古为徒享受跨时空的审美乐趣。从大处讲，有对人生精神救赎的意义；切近点说，是退休生活的自我陪伴和自我观照。

审美是一生的功课，也可是一生的癖好。汉画像石艺术研究刚刚开始，荆玉成先生邀我一同参与《企业思想治理》沙龙，把多年企业美学目视化"经验质感"纳入其中，一同为社会、企业家和企业赋能。我职业生涯的最近十余年，几乎全身心地投入到企业美学研究和实践中，为国家电投集团、中国工程物理研究院、国家电网等企业设计过上百个项目，过程中也多次获奖。目视化积累的这些实践，从企业美学目视化视角已写入《"文化创意+"电力工业融合发展》一书中。

数字社会企业美学已发生质的变化，是与社会、文化、艺术、科技、数字等密切结合的美学，是生活美学和行动美学。奥利维耶·阿苏力说，审美作为一种精神生产力，有着不可计量的价值和无限发展空间。企业美学由以往的"奢侈品"变为今天的"必需品"，落脚点是提高人的素养及内在的审美自觉，这种审美自觉反过来转化为我们思想创新的内在动力。企业美学及美学目视化使得企业从物质生活的容器，转化成人们高阶精神生活的载体，建构一个以"人"为中心的多功能人文场域，更多地安顿人心，给予人精神上的抚慰，满足员工多层次的情感需求。

企业美学丰富博大而又立体，是企业文化落地的工具体系，也是企业文化第二次生产的主要环节和重要内容。仔细观察发现，在一定的时空内，企业美学目视化被压缩、折叠在一起，折射到企业的空间与生产当中。这本小册子是对数字时代企业美学的一次简略回顾与梳理，如果说有一点点理性，就我本人而言，这无疑是一次奇妙人生之旅。过程中跨界的融合、哲学的思考、审美的探索、经验质感的形成，以及和团队年轻伙伴们的研讨交流，有一种"众里寻他千百度，蓦然回首，那人却在灯火阑珊处"的精神慰藉。

陈海华

2021年冬于北京汉缘阁

图书在版编目（CIP）数据

在于美：企业文化落地工具 / 荆玉成，蒋昊宸，陈
海华著 . —北京：中国城市出版社，2022.10
（数字社会企业文化三部曲）
ISBN 978-7-5074-3561-0

Ⅰ.①在… Ⅱ.①荆… ②蒋… ③陈… Ⅲ.①企业文
化 - 研究 Ⅳ . ① F272-05

中国版本图书馆 CIP 数据核字 (2022) 第 244064 号

责任编辑：高延伟 陈 桦 杨 琪
书籍设计：康 羽
责任校对：李辰馨
绘 画：荆玉成
绘画拍照：王泽浩
本书字体采用仓耳屏显字库。

数字社会企业文化三部曲

在于美 企业文化落地工具

荆玉成 蒋昊宸 陈海华 著

*

中国城市出版社出版、发行（北京海淀三里河路 9 号）
各地新华书店、建筑书店经销
北京雅盈中佳图文设计公司制版
北京雅昌艺术印刷有限公司印刷
*

开本：880 毫米 ×1230 毫米 1/32 印张：10¹/₂ 插页：2 字数：137 千字
2023 年 1 月第一版 2023 年 1 月第一次印刷
定价：**69.00** 元
ISBN 978-7-5074-3561-0
（904551）